CPC リブレ No. 10

👀からウロコの
海外資料館めぐり

三 輪 宗 弘

クロスカルチャー出版

米国議会図書館の Manuscript 閲覧室

テキサス大学オースティン校
Briscoe センター入口

米国国立公文書館本館の研究者入口

大英図書館の入口

南京市の中国第二歴史档案館

オーストラリア国立公文書館キャンベラ分館

ソウル大学校図書館

米国国立公文書館Ⅱの5階写真室 RG208 のチェックリストの入った箱

【裏表紙写真左】帝国戦争記念館の巨大な大砲
【裏表紙写真右】ベルリンのユダヤ博物館

目　　次

はしがき ……………………………………………………………………… 1

I　アメリカのアーカイブ

1　National Archives and Research Administration（米国国立
公文書館本館、略称 NARA）……………………………………… 7

2　National Archives Ⅱ（米国国立公文書館 II）……………………… 9

3　Library of Congress（米国議会図書館、LC）…………………… 30

4　Naval History and Heritage Command Archives（旧称 Naval
Historical Center、NHC）（米海軍歴史センター）……………… 37

5　University of Maryland Prange Collection（メリーランド大学
プランゲコレクション）…………………………………………… 40

6　ワシントン DC アラカルト―走り回ります DC を！ …………… 42

7　National Archives at San Francisco（米国国立公文書館
サンフランシスコ分館）…………………………………………… 59

8　Hoover Institution Library and Archives, Stanford University
（スタンフォード大学フーバーアーカイブ）…………………… 63

9　Franklin D. Roosevelt Library（F.D. ローズベルト大統領図書館）… 68

10　Archives of Notre Dame University（ノートルダム大学アーカイブ）…… 72

11　The Dolph Briscoe Center for American History（テキサス大学
Austin 校アメリカ史研究センター）……………………………… 76

12　LBJ Presidential Library（L.B. ジョンソン大統領図書館）………… 81

II　ヨーロッパ（英　仏　独）

【イギリス編】

13　The British Library（大英図書館）………………………………… 89

14　The National Archives（英国国立公文書館）……………… 94

15　Imperial War Museum Research Room（帝国戦争博物館
　　リサーチルーム）………………………………………… 118

【フランス編】

16　Lewarde の炭鉱博物館 ………………………………… 123

【ドイツ編】

17　ボーフム大学附属社会運動研究所とルール地域図書館 ………… 128

18　ザクセンハウゼン博物館（強制収容所）とユダヤ博物館 ………… 132

Ⅲ　オセアニア・アジア（豪　韓国　中国）

【オーストラリア編】

19　オーストラリアの首都キャンベラアラカルト　シドニーから
　　キャンベラへ …………………………………………… 139

20　National Archives of Australia, Canberra（オーストラリア
　　国立公文書館キャンベラ分館）…………………………… 143

21　Australian War Memorial Research Centre Reading Room
　　（オーストラリア戦争記念館リサーチセンター）………………… 145

22　National Library of Australia（オーストラリア国立図書館）……… 146

【韓国編】

23　ソウル大学校中央図書館古文献資料室 …………………… 148

24　国立日帝強制動員博物館 ………………………………… 152

25　National Archives of Korea, Busan（国家記録院歴史記録館（釜山））
　　………………………………………………………… 154

【中国編】

26　The Second Historical Archives of China（中国第二歴史档案館） 155

27　南京大屠殺档案館 ………………………………………… 157

あとがき ……………………………………………………… 160

はしがき

　資料館に関心のある学生及び一般の方が海外のアーカイブや図書館で資料調査するのに、役立つような情報を記載した。時間に余裕があるが、経費をかけずに安く海外で資料調査をできないかと考えている学生や若手研究者に手に取っていただきたい。

　海外アーカイブに何度も行き、ある程度勘が働くようになれば何でもないが、初めて訪問して資料調査を行うときには「どうするのだろうか」という不安が付きまとうであろう。私がはじめてワシントン DC の米国国立公文書館スートランド分館を訪問し、戦時中に押収された日本商社の資料を眺めたが、高いホテルに 2 人で泊まり、狙った資料がなかなか出てこなかったことを思い出す。30 年にわたって、海外アーカイブで調査したノウハウを伝授したい。若い研究者が海外のアーカイブや図書館の所蔵資料を読むことで、異なる観点から書かれた資料から新たな発見があるだろう。

　海外の公文書館や図書館を訪問し、その度に変更点を書き直し、加筆してきた。記録が古い図書館もあるが、この点はご寛恕願いたい。

　空港から市内のアクセス、地下鉄やバスの乗り方、安いホテルの見つけ方と予約の仕方、アーカイブや図書館の入館書の作成の仕方、および必要な書類、アーカイブでの資料の請求の仕方（その前のチェックリストはどこに置いてあるのか）などをわかりやすく書くことを心掛けた。若い 20 代後半、30 代前半にぜひ海外で、資料の宝庫を堪能していただきたいと思う。

　資料によって過去の歴史を検証していくことは、資料に依拠しないイデオロギー論争よりは、相互理解につながるだろうし、多様な見方が存在してきたことを教えてくれる。また先行研究がどのような資料によって論文が組み立てられているのか、その論拠となった資料を手に取りながら読むことで、歴史家がどのような関心を持って資料を利用していたのか、知る

ことができる。公平に史資料を扱う研究者もいれば、恣意的に用いる研究者もいる。そのことを資料を手に取り確かめる必要がある。

米海軍の航海日誌が30年後に公開されていることを知り、アメリカは軍事機密を30年後に公開して、正々堂々と米国の正当性を示し、公開している。シビリアンコントロールのいいお手本であると思った。軍事や安全保障にかかわる事柄は、30年間は非公開であるが、30年後に機密解除されている。これは素晴らしいことだと思った。30年経過しても非公開の資料ももちろんある。ジョンソン大統領図書館のベトナム戦争や公民権運動に関する資料は公開されていない資料も多いが、それでも非公開であること、機密がまだ解除されていないことが示されている。英国国立公文書館では第二次世界大戦の諜報機関の資料の公開が始まっている。第二次世界大戦が歴史になりつつあるのだろう。一定期間非公開指定することで、資料が残り、後日公開が可能になるのである。ジョン・コステロ『真珠湾　クラーク基地の悲劇』（啓正社、左近允尚敏訳）によれば、米海軍は1946年に『真珠湾前日本海軍電報』という調査報告書を45年間非公開に指定したが、これは当時政治問題化したからである。

イギリスが捕虜をどのように扱ったのかは資料がまだ少ない。おそらくこの点は依然として機密のままなのであろう。公開しないかもしれない。英国は日独の捕虜の扱いを糾弾したが、その同じ基準でイギリス（連合国）の捕虜の取り扱いも研究対象とならなければならない。

私が大学院生時代、朝日新聞社が出した『太平洋戦争への道』が基本的な文献であったが、海軍軍人のインタビュー資料が捏造されていた。陸軍軍人の日記が原文と異なる文章で引用されていた。改竄である。捏造されたインタビュー記録によって論が組み立てられ、それがあたかも事実であるかのように記述されている。原典、出典、オリジナル資料に当り直すことの大切さ、常に論理的に思考し、事実かどうか何に基づいて記述されているのかを検証していくことの大切さを経験できた。捏造されたインタビ

はしがき

ューの記録は国立公文書館（法務省の東京裁判関係資料）できれいにタイプ打ちされて閲覧に供されている。何も知らなければ、「本物」だと思うだろう。中目黒の防衛庁戦史部図書館には手書きの捏造されたインタビュー記録があり、公開されていた。本人の了解は得ているのは言うまでもない。もう一つ事例を示そう。海軍で三国同盟や日米開戦に反対であったことの根拠とされる、山本五十六の書簡集『五峯録』も実物の手紙がなく、東京裁判に提出された写しの手紙である。ここでも資料の真正性ということが問題になる。

　若い研究者には、一次資料で「本当なのかどうか」を常に問い、一次資料で論文が組み立てられているのかどうか、二次資料で展開されているのかどうか、常に意識して文献を読む習慣を身につけていただきたい。

3

I　アメリカのアーカイブ

スタンフォード大学フーバーアーカイブ閲覧室

Ⅰ　アメリカのアーカイブ

　ワシントン DC のアーカイブから紹介したい。ワシントン DC アラカル
トでは空港から市内への入り方や宿泊などの情報を記載したので、あわせ
て読まれたい。

1　National Archives and Research Administration （米国国立公文書館本館、略称 NARA）

　米国国立公文書館本館は NARA と呼ばれている。Ⅱがあるのだから
「Ⅰ」を用い、米国国立公文書館Ⅰと呼べばいいのに、NARA が正式名称
だ。

　Pennsylvania Ave に面した入口（口絵の写真）から入館し、荷物検査を
受ける。それが終わったら名前と入館証番号などを記入する。黄色の Tem-
porary Researcher Pass をもらい、裏面の番号を書く。直進して Research
Center Lobby に入り、そこの Lobby Desk（Information Desk）でサイン
インして、ついでにどのような資料を閲覧したいか言う。アーキビストを
紹介してくれる。左折し進めばロッカールーム G18 の部屋。ここでカバン
やコート、上着を入れる。カートもあるので、パソコンやデジカメを置い
ていざ出陣。Finding Aids Room は G28 号室である。G28 のスタッフに一
声かけると（Lobby Desk でアーキビストを紹介されるかもしれない）、ア
ーキビストかスペシャリストを紹介されるので、相談しながら、レコード
グループと箱番号を特定して、その番号を Reference Service Slip に書き
込んで請求する。Stack Area 等の場所の特定はスタッフ（アーキビスト、
ライブラリアン）が調べて記入する。アーカイブⅡと異なる資料請求の仕
方である。

　米海軍の RG38 の資料は 1940 年までが本館 NARA で保管し、1941 年以
降が米国国立公文書館Ⅱに所蔵されている。海軍アタッシェの文書は本館
NARA にある。世界中の情報が集められており、面白い資料がある。武官

7

報告には様々なものがあり、資料がなくて困ったら武官報告である。

　パールハーバー査問委員会の資料が入っている RG128 も NARA にある。この目録は G28 の部屋にはなく、Research Room の奥の部屋に入ったところにある（RG128：Joint Coms）。この奥の部屋に議会公聴会の目録も並んでいるのであるが、2015 年 9 月にはアーキビストと一緒でないと入れなくなっていた。議会公聴会文書は米国議会図書館の Law Library でも閲覧できる。

　米陸軍の 1944 ～ 45 年の査問の記録である Army Pearl Harbor Board は、米国国立公文書館 Ⅱ の RG165 の Entry：UD37（排架場所 390/40/14/7）にある。チェックリストがないので、全部箱を一箱ずつ請求するしかない。

ランチを食べるところ

　Basement まで下りてエレベーターを出て左側に少し歩き、左へ直進し、突き当ったら左へ。右に B24 の部屋がある。朝食・昼食ランチがある。7 時半から 2 時まで。メニューの選択肢はほとんどない。

　Breakfast & lunch special 7：30 ～ 2pm

　Salad bar open until 4pm

　Café open until 4pm

　時間があるならチャイナタウンまで散歩を兼ねて歩き、英気を養うのがいい。朝食であるが、道を渡れば、左には Paul（801 Pennsylvania, NW）があり、右にはスタバも目に入ってくる。右に歩けば Jack's（625 Indiana Ave）もある。朝も営業している。

　開館時間は、米国国立公文書館 Ⅱ と同じで、2017 年 7 月 24 日から平日の 8：45 ～ 5：45 になった。土曜日は閲覧できない。

Food Court

　Federal Triangle 駅まで歩き、駅とも直結している、Ronald Reagan Building and International Trade Center 地下の Food Court は 10 ドルほどで食事ができる。このビルには、シンクタンクの Woodrow Wilson Center が入っている。無料の研究集会には参加するとよい。

　Union Station 駅の地下にも Food Court があり、1 階にはマックもある。Union Station 駅ではネットに無料で接続できる。学生諸君は時々 Food Court で国際色豊かな世界各国の料理を堪能されたい。私は、Union 駅のマックを待ち合わせ場所に時々使う。

2　National Archives II（米国国立公文書館II）

閲覧までの手続きと閲覧

　入口で手荷物の検査を受ける。その際 Research Card を提示する。はじめて訪問した場合は、最初に Research Card（1 年間有効）を作る。入口右手の Researcher Registration で、係員の指示に従い、パソコンに名前、生年月日、住所などを打ち込み、その後でデジタル写真を撮る。暫くすると写真付のカードができ上がる。滞在しているホテルの住所と日本の住所が要求される。係員は親切なので、わからなければ尋ねればよい。更新する場合はカードとパスポートを提示すればすぐ作成してくれる（ホテルの住所、日本の住所、電話番号に変更がないか尋ねられる。ホテルの住所は宿泊しているところを書けばいい。ホテルの住所がわからなければ、ホテル名からスタッフがネットで住所を調べてくれる）。館内に資料や書籍を持ち込むには、Researcher Registration 室でホッチキスして束ね、判子とサインをもらう。ノートは館内持ち込みが禁止されているので、ロッカーに置くしかない。ルールの変更があるので、ホームページで確認されたい。

　入口から右にまっすぐ進むとカフェテリアがあり、朝 7 時から 9 時半ま

でが朝食、11時から14時までが昼食。午後4時までコーヒーなどはOK。ランチは充実している。4時以降は、コインを入れて簡単な飲み物や食事は可能。カフェテリアの部屋は休息もできる。疲れたときには、ここでCoffeeを飲み、鋭気を養える。食事のTAKEOUTも可能なので、2時までに夕飯も買い込み、ロッカーに入れて取り出せばいい。電子レンジも4台使用できる。電子レンジは加熱するものを入れ、スタートボタンを押し、見計らって手動で扉を開ければよい。もしくは1分間であれば60と入力して、スタートボタンを押せばよい。午前8時から研究者はアーカイブⅡの建物の中に入れる。カフェテリアでの朝食は8時から9時半ということになる。朝食のパンケーキとかフレンチトーストをtake outして昼に食べれば、安上がりである。

　ロッカーは地下1階にあり、エレベーターか階段で降りる。25セント硬貨投入口が裏側にある。使用後硬貨は戻ってくる。パソコンやデジカメ、スキャナーを持ち込む際、カートがロッカールームにあるので、ノートパソコンを置いて持ち込んだ。カートは重量のあるスキャナーを持ち込む人は使っている。ロッカーは旅行用バッグを入れられる大きなものと背広や小型バッグを入れる小さなものがある。大きなロッカーはゆがんでいて閉めるのが一苦労である。ロッカーであるが、Overnight（お泊り）できるロッカーという制度が導入された。スキャナーなどを置いておけるので、一度試みられたい。赤色の大型のロッカーである。大型のロッカーを使用するには南京錠を持参するか、売店で購入する必要がある。土日は一泊不可なので、持ち帰るしかない。

　持ち物の検査とResearch Cardを再び提示して入館する。エレベーターで2階のRoom2000に上がり、ここでも最初に入るときにInformation Deskで1回だけResearch Cardを見せる。入口左側にあるBack Deskを過ぎたら、ガラス張りの部屋（Reference Room、Consultation Roomとも

呼ぶ）に入る。各 RG（Record Group、資料群）の目録が配置されている。目録も番号順とかタイトル順とかある。ここで調べ、不明な点があればアーキビストに聞く。最初からはじめて来ましたといって助けてもらうのがいい。資料請求の仕方も教えてくれる。親切である。ノートは持ち込めないが、用紙と鉛筆は無料で提供している。空き時間に、目録はできれば全部コピー（デジカメ撮影）をとっておいたほうがいいかもしれない。先行研究などで事前に調べていくと効率的である。Consultation Room は 8：45 ～ 4：00。

　エントリー番号（E# とか Entry と表記する）を手がかりに、事実上の請求番号である stack、area、row、compartment、shelf を探し、申込書である reference service slip（図表 I-9 を参照されたい）に転記する。この「スリップ」には氏名（MIWA, Munehiro）と入館証番号（昔は住所もしくは入館証番号を記入した。図表 I-9 では黒塗りのところ）を書けばよい。目録には 2 種類あり、① RG の内容とエントリー番号を特定するものと、②エントリー番号と stack area、row、compatment、shelf を照合するものとがある。青色（Civillian）と赤色（Military）のバインダーですぐわかる。うまく照合できなかった場合には、アーキビストに聞くこと。資料請求のスリップを出す前にアーキビストのチェックを受けること。これを忘れてスリップを出しても受け付けてもらえない。エントリー番号によって、箱が 50 箱のものもあれば、1000 箱以上のものもある。Box 番号も記載しなければならない。

　アーキビストの Eric Vanslander［Eric.Vanslander@nara.gov］氏は日本語が読めるので、事前に日本語で書いたメールで問い合わせておき、当日アーカイブの Reference Room で待ち合わせをすればいい。返事は英語で返ってくる。Eric 氏に事前に頼むのが効率よく資料検索がはかどる。Eric 氏は親切なアーキビストなので、遠慮なくメールを日本語で書いて出すこと。英語に自信がない研究者は特に！　筆者は何人もの研究者を紹介

したが、いつも助言いただいた。

Dr. Greg Bradsher 編集の "Guide to Japanese War Crimes" の中に以下の資料が収められている。これは日本関係が網羅されており、ありがたい目録である。

1. Japanese War Crimes
2. War Criminals and War Crimes Trials
3. Post World War II Restitution and Reparations
4. Exploitation of Japanese Records during World War II

「どのような第二次世界大戦に関する RG（Record Group）があるのか」に関する情報は Selected Finding Aids Related to NARA's World War II Holdings：http://www.archives.gov/research/ww2/finding-aids.html#service を参照されたい。このホームページから FDR（ローズベルト）とか JFK（ケネディー）などの大統領図書館にもアクセス可能である。大統領図書館の資料もヒットしてくるので、ヒット件数が増えすぎるという悩ましい問題も生じる。

以下 PC での検索の仕方である。最近検索の RG のアイコンは数も増え、大幅に改善されている（図表 I-1 を参照せよ）。

閲覧室に置いてある PC で Finding Aids をクリックする。次に RG をクリックする。Entry とタイトルが出てくるので、それで検索すればよい。濃淡がある。日本関係は国立国会図書館の協力により案外充実している。RG59（国務省文書）などはアイコンがあり、それで詳細に検索できるようになっている。ARC（Archival Research Catalog）からも Index to Record Groups in ARC に辿りつける。Entry の中には詳細な目録が掲載されているものがある。国立公文書館 II の Room2000 の Information Desk の裏側にも検索用の PC が並んでいる。

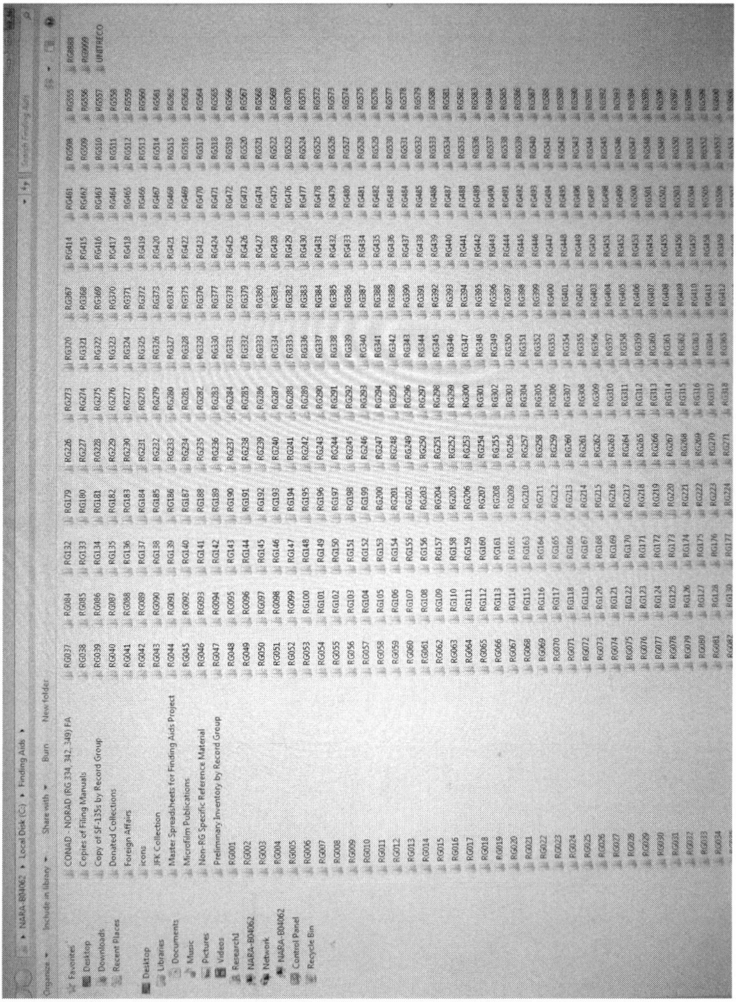

I　アメリカのアーカイブ

図表 I-1　RG の検索画面のアイコン一覧

13

ARC Search で RG331（日本占領関係、地方軍政部資料）は効果的に検索できる。RG243（米国戦略爆撃調査団、USSBS）や RG407（Records of the Adjutant General's Office World War II Operations Reports 1940-1948 陸軍省高級副官部文書 第二次世界大戦作戦記録）も日本の国立国会図書館の検索システム構築のおかげで、よくヒットしてくる。RG554 も現在国立国会図書館のスタッフが目録作成に取り組んでいるので、一点一点の検索が可能になるだろう（概要はつかめるが、資料を丹念に読む必要がある。現物を手に取らないと、効率よく進まない）。RG554 の G-2 関係は 2019 年 1 月現在まだ国立国会図書館憲政資料室で所蔵されていない。RG243 はネットで公開され、ほぼすべての資料が自宅で閲覧できる。空襲関係、戦時経済の資料が自宅にいながら閲覧できる。米国国立公文書館Ⅱまで来ても、

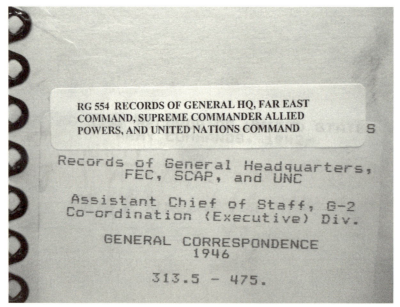

図表Ⅰ-2　RG554 E# 16-A の箱に書かれた資料情報

マイクロフィルムしか見ることができない。ヨーロッパ・ドイツ関係の
RG243 は現物を請求して閲覧可能である。RG331 は現物で閲覧できる。現
物であれば、読むスピードが 10 倍以上速くなる。RG554 もネット公開が
進んでいる。日本版の Venona である。若い学生がどのように料理するの
か楽しみである。RG554 は個々の資料に濃淡がかなりあり、現物を見ない
と研究が捗らない。

　米国国立公文書館では無線ランが使えるので、日本の国会図書館にアク
セスして、Box 番号を割り出すこともできる。RG407 の書誌情報に Entry
番号が記載してない。Entry 番号が不明だと、米国国立公文書館で検索に
相当余分な労力が必要になる。また引用も不完全になる。RG407 に関して
は、国会図書館の下記のホームページを参照されたい。ここに Entry 番号
368 が明記されている。検索画面の資料リストには Entry368 の記載がない
が、368 である。もう一つは Entry427 である。（http://rnavi.ndl.go.jp/
kensei/entry/FOA.php）米国国立公文書館（RG 407, Finding Aid NM-3,
Entry 368）：Records of the Adjutant General's Office, Administrative
Service Division, Operations Branch, Foreign（occupied）Area Reports
1945-1954

　第二次世界大戦作戦記録 "World War II Operations Reports, 1940-
　1948"
　http://rnavi.ndl.go.jp/kensei/entry/WORmain.php

　https://catalog.archives.gov/id/305275
　NARA Entry No.427　NDL 請求記号　WOR で始まる
　占領地域記録 "Foreign（occupied）Area Reports 1945-1954"
　http://rnavi.ndl.go.jp/kensei/entry/FOA.php

https://catalog.archives.gov/id/7933777
NARA Entry No.368　NDL 請求記号　FOA で始まる

　米国出張前に国立国会図書館憲政資料室所蔵の占領期資料をパソコン検索して、プリントアウトすることを勧める。前述したように、RG331 やRG243 がヒットする。昔は憲政資料室でしか検索できなかったが、今は自宅や大学からでもアクセスできる。ワシントンに行く前に、Box 番号だけでもメモしていけば、効率よく作業が進む。蒼天社出版が刊行した『国立国会図書館所蔵　GHQ/SCAP 文書目録』も有用である。誰もが投げ出した ESS 文書をはじめとする膨大な資料を、検索ツールの充実により活用できるようになった。憲政資料室で RG331 の Box 番号を控えていけば（ネ

図表Ⅰ-3　RG331 のチェックリスト

Ⅰ　アメリカのアーカイブ

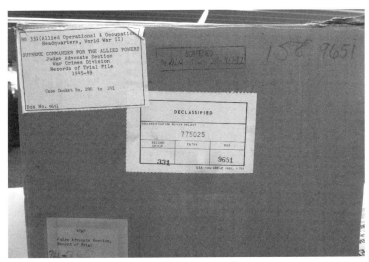

図表Ⅰ-4　九大生体解剖事件資料の入った箱（RG331 Box9651）

図表Ⅰ-5　RG331 九大生体解剖事件の箱の中のフォルダーに入った資料

17

ットでアクセスしてメモしていくのもいい）、Entry 番号が割り出せる。RG331 の SCAP 目録の 2/3 の Box 番号で Entry を割り出すか、UD と書いたチェックリストが Box 番号順番に並べられているので（図表 I-3 を参照せよ）、そこから逆算して割り出す手がある。赤色の本には Entry 番号があり、Stack Area などの特定が可能となる。これで請求できる。Entry で配架場所を割り出すシステムである。RG331 は Box 番号で並んでいるので、比較的検索は簡単である。Entry 番号が不明でも大丈夫であるが、RG407 は Entry 番号がわからないと現物のオリジナルにたどり着くのに四苦八苦する。

　RG131 の資料を閲覧する際には『在米日系企業接収文書の総合的研究』（平成 21 年 3 月、上山和雄など）が有用である。また私の http://hdl.handle.net/2324/12547 は米国司法省の戦時経済局の資料の紹介を行っているので、参照していただきたい。『菊と刀』で有名な Ruth Benedict の「Japanese Behavior Patterns」という POW（捕虜）へのインタビューから得られたレポートは RG208 の OWI（Office of War Information）関係資料に入ってる（RG208, Entry 378, Box 445）。

　一度に 16 箱（16 boxes）まで請求でき、さらに 16 箱をホールに keep できる。Cart は 2 台（16 箱搭載可能）まで。1 Shelf（3 Box Limit）も同時にキープ可能。使用後 3 日間（特別に頼めば 5 日間）はホールに置いておける（hold or keep in the hall）。ただボックス番号が連続してない場合には、別のスリップに書き、クリップで留めて請求する（同じ RG で STACK AREA の番号が同じであれば、束ねて請求できる）。資料を読み終え返却するときは、refile とか finished とか言って返せばよい。RG331 の SCAP 文書は大きな箱に入っているため、9 箱しか出せない。2018 年 5 月訪問時、今まで 24 箱請求できたのが 16 箱に減り、SCAP などの段ボー

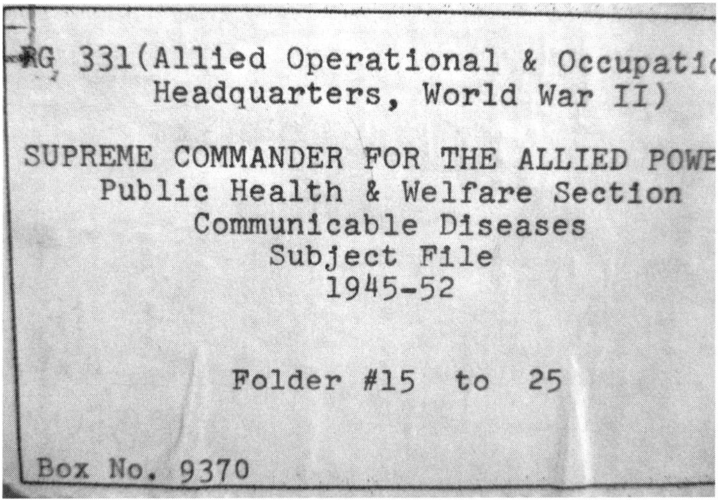

Ⅰ　アメリカのアーカイブ

```
RG 331(Allied Operational & Occupatio
     Headquarters, World War II)

SUPREME COMMANDER FOR THE ALLIED POWE
   Public Health & Welfare Section
       Communicable Diseases
            Subject File
              1945-52

         Folder #15 to  25

Box No. 9370
```

図表Ⅰ-6　RG331の大きな箱 BOX9370 の資料情報

図表Ⅰ-7　カートに並んだ16箱

図表Ⅰ-8 RG226（OSS）のチェックリストの入った箱とバインダー これで検索する。

ル箱は9箱から6箱になっていた。ある研究者の不正（箱に入っている小さなものを窃盗する）が発覚し、2017年6月14日から請求箱数が減少させられたとのことである。Cartに今までは3段積めたのが、上段が監視用ビデオの死角になり、利用されたとのことで、中段と下段になったために、3分の2になった（図表Ⅰ-7参照）。巡回する警備も人数が増え、回数が増えている。ビデオカメラでも監視されている。

　Back Desk（Circulation 出納）で資料を受け取るときに表紙にサイン Munehiro Miwa がいる。ホールから資料を出すとき、返すとき、イニシャルMMと時刻を裏面に記載する。2008年1月には、返却時に判子を押して、その上に「日付、時刻、サイン」を記入して、返却が完了するというやり方が導入された。2018年5月資料請求時間（Pull Out）は、9：30　10：30　11：30　1：00　2：00　3：00 の6回である。開館時間延長に伴い、Pull Out の回数が増えた。

　請求後およそ30分で出てくる（混んでいるときは遅れる）。資料が搬出され、ホールに届き閲覧可能かどうかは、カウンターの左に置かれている Request Log を見て確認できる。Request Log は Circulation に届いたかどうかわかるので、案外助かる。Request Log には名前と請求した RG と出庫時刻が書かれている。

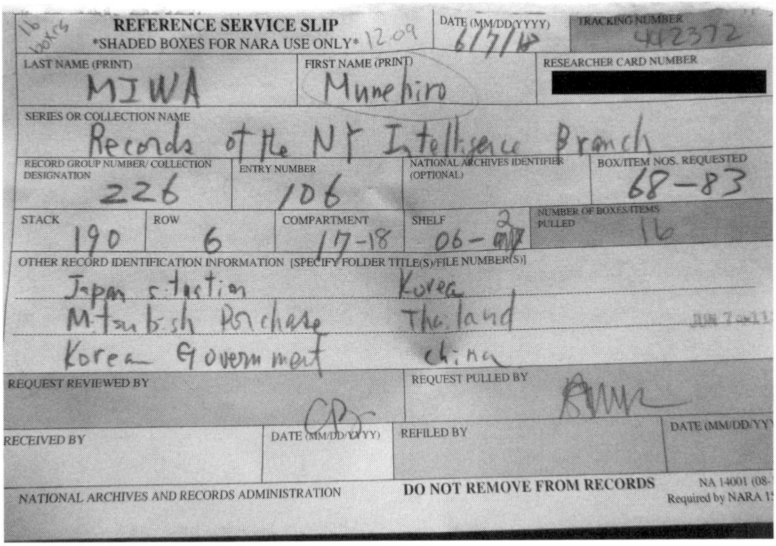

図表 I -9　RG226、E#106 の資料請求用紙

　開館時間は、http://www.archives.gov/dc-metro/college-park/index.
html#loc で確認されたい。2012 年 9 月には水曜日から金曜日は夜 9 時まで
開館で、土曜日も開館していたが、2013 年 8 月訪問時には Budget Cut の
ために、午後 5 時で閲覧室は閉館になっていた。2017 年 7 月 24 日から開
館時間が延長された。午前 8 時 45 分から午後 5 時 45 分まで。実際には 5
時半に出るように催促される。土曜日は 2017 年 7 月 22 日から休館になり
閲覧できなくなった。平日 1 時間延長された代わりに土曜日が閉館になっ
た。土曜日は米国議会図書館で図書や資料を閲覧して、時間を有効に使おう。

コピーとデジカメ撮影

　コピーは 5 分単位が 4 台（Front Desk の横にある）、1 時間借り切りが 4

台。1日借り切りが3台である。1時間借り切るにはCorner Deskにいる
スタッフの前で、名前とコピーする資料のRG番号を書けばいいだけであ
る。デジカメ利用者が多くなり、最近は1時間以上連続してコピーしてい
ても大丈夫である。入館証をコピー用のデビットカードにして、機械
KIOSKで入金するのがよい。領収書も出てくる。1ドル、5ドル、10ド
ル、20ドル紙幣を追加していけばいい。1枚25セントに値上がり。2015
年9月訪問時には2階奥のコピーカウター入口にもKIOSKが設置され、
大変便利になった。入金額の領収書もPRINTを押せば発行される。しば
らくたたないとコピー代金が0と表示されないが、入金額が表示されるの
で、領収書としては、問題はない。最後に国立大学ではお金を使い切った
ことを示すために残高を0にする必要があるので、最終日の退館前には1
ドル札を入れて、調整されたい。

Research Card（入館証）をデビットカードとして使用できるようにする
のは、わかりやすい解説が備えられているので、それを読みながら操作す
ればよい。2階の入口にある、コピー入金機械KIOSKで、入館証番号を
タッチし、入力画面で入館証番号を入力するか、スラッシュして番号を読
み取らせる。それから紙幣を入れ、領収書の発行をクリックして、EXIT
すればいい。

デジタルカメラで撮影する研究者が増えているが、三脚の持ち込みは許
可されている。また小型の三脚は貸与するサービスも入口のFront Deskで
始まった。デジカメ撮影の際赤色、緑色、オレンジ色などのカラー色の紙
（DOCUMENT & EQUIPMENT REVIEW CONFIRMATION）を蛍光
灯のところのプラスチックの入れ物に入れるようになっている。色は毎日
変更され、この色紙は退出時に没収される。電源は使い放題である。デジ
カメ撮影だけでなく、重要な資料はコピーをすすめる。帰りの飛行機の中
で目を通せるのはありがたい。デジカメ撮影だと取りすぎてしまうという
マイナスがある。コピーしたら、フォルダーごとにホッチキス（Staple）

I　アメリカのアーカイブ

するのがよい。コピーを後日館内に持ち込む際に束にしてホッチキスされるので、それならば先にホッチキスしておいたほうがいいし、資料整理の時にも役立つ、RG、Entry、Box 番号、Folder 名があれば、引用としては完璧。少なくとも RG、Entry、Box 番号は書こう。これを書かないと貴方も「笑話」（昭和）の語り部だ。引用する際には平静かつ冷静に 3 点を忘れずに！

　コピーする前に、コピー箇所を折畳みの TAB で挟み、Front Desk か Corner Desk のスタッフにチェックを受ける。Confidential な軍事関係の機密解除文書（top secret、secret、restricted など）はコピーする際に、解除許可を示すものを張り付け（declassification slug、コピー機のガラスの上、デジタルカメラ撮影時には映るように置く）、コピーしなければならないが、スタッフの指示に従い、Slug の番号を LOG に書く。同じ RG ならばこの Slug を 1 日有効で何度も使える。ステッカーを貼らずに Confidential な資料をコピーすると退出できず、Room2000 の部屋に戻り、一枚一枚判子を押し、サインするという面倒なことになる。デジカメ撮影やスキャナーも同じなので要注意。コピーは紙だけでなく、USB にも取り込めるようになっている。デジカメ撮影時の declassification slug には「SMALL」と「LARGE」があり、どちらがいいかと聞かれるので、2 つとももらえばよい。デジカメ撮影するときに写る位置に declassification slug を置かなければならないことになっている。

　Room2000 で仕事を終わり、退出する時、2 階の Front でチェックを受け、グリーンのバッグ（security bag とも呼ぶ）に入れて 1 階の入口で開封してもらう（トイレ、昼食は出入り自由）。

　訪問前に見ておくガイド。各 RG の概略がわかる。どの RG に何が含まれているか知ることができる。

　Guide to Federal Records in the National Archives of the United States,

Volume I：Record Group 1-170,

Volume II：Record Group 171-515,

Volume III：Record Group Index

ISBN 0-16-048312-3, 1995

WORLD WAR II Guide to Record to U.S. Military Participation, Compiled by Timothy P. Mulligan,

Volume 1, Volume II, 2008

米国国立公文書館の動画（Motion Picture）と戦闘詳報

　戦闘詳報は2階にRG18 Entry#：7Aのチェックリスト（陸軍）があり、このチェックリストで部隊名と作戦日で特定していくことになる。米国国立公文書のアラバマ州のMaxwell基地の"Air Force Historical Research Agency"のWeb Siteで戦闘詳報（Mission Report）を探すことができるようなので、事前にネットで調べられたい。私は二日市の電車銃撃の部隊（第7航空群301Fighter Wing、第5航空軍348Fight Wing）の1945年8月8日の戦闘詳報を捜したが、米国国立公文書館のチェックリストでは特定できなかった。出撃していない可能性も含めて、様々な視点から再検討しつつ捜したいが、国立公文書館には所蔵されていないだろう。アラバマ州のMaxwell基地であるが、米国国籍がないと資料を閲覧できなくなったと耳にした。事前に確認して訪問されたい。

　動画（Motion Picture）をまず示そう。

　主な請求番号は以下の通りである。「図表I-10」に「RG18の映像」を並べた。紙幅の関係で最初の2枚だけしか紹介できないが、アーキュビストに請求されたい。アーキュビストはとても親切だ。下に点描しておこう。

　ソロモンとガダルカナル　B17s VS Zeros　CS 11

サイパン　CS 3338, 2498, 3097

ヒマラヤ越え（Matternhorn）　CS 1807, 1816

日本兵への尋問　CS 1024

東京大空襲　CS 8184 〜 8170（欠落あり）

神戸空襲　CS 4046

大阪空襲へ向けての離陸　CS 4047

九州への空襲　CS9358, 9361

ビルマロード　CS 2838, 3488, 2307

硫黄島　CS3337

二日市の電車銃撃　CS 9867

中島飛行機への空襲　CS 3655

ゼロ戦　CS 7620

P-51 CS 8697

B-29 CS 8094, 8111, 8113, 8118

第二次世界大戦の映像（空襲、補給、出撃へ離陸、ガンカメラ）

　4 階の Motion Picture, Sound & Video Research Room で動画を捜すに
はどうしたらいいのか、説明する。以下 2016 年 9 月訪問時のメモである。

　日本空襲時に護衛任務についた戦闘機が帰りに余った弾を船舶への機銃
掃射で使い尽くした。その時の映像が戦闘機に備え付けられたガンカメラ
で撮影されていた。九州への上陸作戦の援護のために組織的に攻撃したと
いう説もある。この点に関しては草場啓一氏がまとめられた『西鉄筑紫駅
列車銃撃事件の記録』（筑紫野市文化財調査報告書、第 115 集、筑紫野市教
育委員会、2018 年）を読まれたい。

　4 階の Motion Picture の部屋で RG18 CS Series の中にガンカメラの映
像がある。私が無作為に請求した「RG18 CS9360」（船舶への攻撃）、

映像リスト

RG	Series	Item #	PIR	Reel(s) #	Title	Location	Format	Comments
18	CS	3	R	1	Christmas on American Convoy	A2-02-RM4000-M0	U-matic	
18	CS	10	R	1	Tunisian Action	A2-02-RM4000-M0	U-matic	
18	CS	11	R	1	Tunisian Action	A2-02-RM4000-M0	VHS	
18	CS	11	R	1	B-17s – Zeros at Solomons and Guadalcanal	A2-02-RM4000-M0	DVD	
18	CS	12	R	1	B-17s – Zeros at Solomons and Guadalcanal	A2-02-RM4000-M0	U-matic	
18	CS	29	R	1	Island of Lifu, Near New Caledonia for Admiral Halsey, General Harmon, Governor of	A2-02-RM4000-M0	U-matic	
18	CS	30	R	1	Return From Mission to Wilhelmshaven – 305th B.G.	A2-02-RM4000-M0	VHS	
18	CS		R	1	The Road to Tripoli	A2-02-RM4000-M0	VHS	
18	CS	74	R	1	Bombing of Sfax, Tunisia	A2-02-RM4000-M0	U-matic	
18	CS	75	R	1	Damage by Jap Raid	A2-02-RM4000-M0	U-matic	
18	CS	83	R	1	Lend-Lease to Russia	A2-02-RM4000-M0	VHS	
18	CS	83	R	2	Lend-Lease to Russia	A2-02-RM4000-M0	VHS	
18	CS	83	R	3	Lend-Lease to Russia	A2-02-RM4000-M0	VHS	
18	CS	83	R	6	Lend-Lease to Russia	A2-02-RM4000-M0	VHS	
18	CS	115	R	1	General Twining Congratulates Pilots – Guadalcanal	A2-02-RM4000-M0	U-matic	
18	CS	132	R	1	B-24 in India – Native Scenes	A2-02-RM4000-M0	U-matic	
18	CS	174	R	1	Col. Eddie Rickenbacker Visits the 97th Bomb Group – May 8, 1943	A2-02-RM4000-M0	VHS	
18	CS	177	R	1	Bombing of Messina & Sicily, Italy	A2-02-RM4000-M0	VHS	
18	CS	201	R	1		A2-02-RM4000-M0	U-matic	
18	CS	220	R	1	Activities of the 376th Bomb Group at Berka Field Africa – May, 1943	A2-02-RM4000-M0	DVD	
18	CS	224	R	1	United Nations Parade Cairo, Egypt – 1943	A2-02-RM4000-M0	VHS	
18	CS	228	R	1	B-24 Bombers Take Off to Raid Berbini Airdrome – Sicily	A2-02-RM4000-M0	VHS	
18	CS	230	R	1	Flying Fortress Raid on Rouen	A2-02-RM4000-M0	VHS	
18	CS	230	R	2	Flying Fortress Raid on Rouen	A2-02-RM4000-M0	VHS	
18	CS	246	R	1	Advance of 98th Bomber Group, North Africa	A2-02-RM4000-M0	DVD	
18	CS	253	R	1	Operations at Amchitka – Attacks on Attu	A2-02-RM4000-M0	VHS	
18	CS	281	R	1	Enemy Plane Attacks Liberty Ship – Sicily	A2-02-RM4000-M0	VHS	
18	CS	285	R	1	Bombing of Japanese Cargo Ship – New Guinea	A2-02-RM4000-M0	VHS	
18	CS	285	R	2	Bombing of Japanese Cargo Ship – New Guinea	A2-02-RM4000-M0	VHS	
18	CS	298	R	1	Weather at Guadalcanal	A2-02-RM4000-M0	U-matic	
18	CS	320	R	1	Briefings – Interrogations	A2-02-RM4000-M0	U-matic	
18	CS	320	R	10	Briefings – Interrogations	A2-02-RM4000-M0	U-matic	
18	CS	320	R	13	Briefings – Interrogations	A2-02-RM4000-M0	U-matic	
18	CS	320	R	19	Briefings – Interrogations	A2-02-RM4000-M0	U-matic	
18	CS	320	R	26	Briefings – Interrogations	A2-02-RM4000-M0	U-matic	
18	CS	320	R	27	Briefings – Interrogations	A2-02-RM4000-M0	U-matic	
18	CS	325	R	1	P-38s Bombing Over Italy	A2-02-RM4000-M0	VHS	
18	CS	342	R	1	Reconstruction at Benghasi	A2-02-RM4000-M0	U-matic	
18	CS	360	R	1	Bombing Ploesti Oil Installations – August 2, 1943	A2-02-RM4000-M0	VHS	
18	CS	360	R	1	Bombing Ploesti Oil Installations – August 2, 1943	A2-02-RM4000-M0	DVD	
18	CS	394	R	1	Dedication of the Chapel in the Wildwood – August 8, 1943	A2-02-RM4000-M0	DVD	
18	CS	422	R	1	A Day With the A-36s	A2-02-RM4000-M0	U-matic	
18	CS	425	R	1	The Invaders	A2-02-RM4000-M0	VHS	
18	CS	426	R	1	The Invaders	A2-02-RM4000-M0	VHS	
18	CS	426	R	2	The Invaders	A2-02-RM4000-M0	VHS	
18	CS	436	R	1	Bombing of Kahili Airdrome and Zero Interception	A2-02-RM4000-M0	DVD	
18	CS	463	R	1		A2-02-RM4000-M0	VHS	
18	CS	503	R	1	Shuttle Mission to Regensberg, Germany – August 17, 1943	A2-02-RM4000-M0	VHS	
18	CS	508	R	1	Battle Damage Story of B-26 "Denalis Checkaboo II"	A2-02-RM4000-M0	VHS	
18	CS	511	R	1	Mission to Stuttgart, Germany – 8th Air Force Photographic Section	A2-02-RM4000-M0	VHS	
18	CS	514	R	1		A2-02-RM4000-M0	DVD	
18	CS	536	R	3	Malaria Control	A2-02-RM4000-M0	U-matic	
18	CS	595	R	1	Background Plates For FMPU	A2-02-RM4000-M0	VHS	
18	CS	604	R	1	General Scenes of Attu	A2-02-RM4000-M0	VHS	
18	CS	609	R	1	Damage to "Man O War" on Mission to Frankfurt	A2-02-RM4000-M0	VHS	
18	CS	610	R	1	B-17 Mission to Bremen, Germany – October 8, 1943	A2-02-RM4000-M0	U-matic	
18	CS	612	R	1	Mission to Wewak	A2-02-RM4000-M0	U-matic	
18	CS	612	R	2	Mission to Wewak	A2-02-RM4000-M0	VHS	

I　アメリカのアーカイブ

18	CS	643	R	3	B-24 Combat Missions	A2-02-RM4000-M0	U-matic	
18	CS	643	R	4	B-24 Combat Missions	A2-02-RM4000-M0	VHS	
18	CS	643	R	5	B-24 Combat Missions	A2-02-RM4000-M0	VHS	
18	CS	643	R	6	B-24 Combat Missions	A2-02-RM4000-M0	VHS	
18	CS	686	R	1	P-40 Fighter Planes – Runway	A2-02-RM4000-M0	VHS	
18	CS	696	R	1	Bombing of Bonis Airfield, Bougainville – October 7, 1943	A2-02-RM4000-M0	DVD	
18	CS	739	R	1	A Captured Film – Hawaii	A2-02-RM4000-M0	VHS	
18	CS	749	R	1	Bombing of Rabaul – LST's Landing at Bougainville	A2-02-RM4000-M0	U-matic	
18	CS	755	R	1	Heroes of the 8th Air Force (Flying Forts Finish First Year Over Europe)	A2-02-RM4000-M0	U-matic	See 428-NPC-1730 and 428-NPC-21950
18	CS	757	R	1	The Thunderbolts; Ramrod to Emden	A2-02-RM4000-M0	U-matic	
18	CS	770	R	2	Christmas Material (To Be Used With Materials Previously Shipped)	A2-02-RM4000-M0	U-matic	
18	CS	807	R	1	Food Dropping	A2-02-RM4000-M0	VHS	
18	CS	814	R	1	The Hump	A2-02-RM4000-M0	VHS	
18	CS	834	R	1	200th Mission of the 376th Bomb Group	A2-02-RM4000-M0	DVD	
18	CS	900	R	2	Fishing on Goat Island, New Caledonia	A2-02-RM4000-M0	U-matic	
18	CS	912	R	1	Christmas in India	A2-02-RM4000-M0	U-matic	
18	CS	912	R	3	Christmas in India	A2-02-RM4000-M0	U-matic	
18	CS	922	R	1	Ledo Road – December 3, 1943	A2-02-RM4000-M0	VHS	
18	CS	922	R	3	Ledo Road – December 3, 1943	A2-02-RM4000-M0	VHS	
18	CS	922	R	3	Ledo Road – December 3, 1943	A2-02-RM4000-M0	VHS	
18	CS	955	R	2	Body Armor, Flak Suit	A2-02-RM4000-M0	VHS	
18	CS	986	R	1	Grasshopper Service Command	A2-02-RM4000-M0	VHS	
18	CS	986	R	3	Grasshopper Service Command	A2-02-RM4000-M0	VHS	
18	CS	997	R	6	Air Support Story – 1944	A2-02-RM4000-M0	VHS	
18	CS	997	R	7	Air Support Story – 1944	A2-02-RM4000-M0	VHS	
18	CS	1008	R	1	Ninth Air Force in England	A2-02-RM4000-M0	VHS	
18	CS	1024	R	2	Interrogation of Japanese Prisoners	A2-02-RM4000-M0	VHS	
18	CS	1024	R	2	Interrogation of Japanese Prisoners	A2-02-RM4000-M0	VHS	
18	CS	1024	R	3	Interrogation of Japanese Prisoners	A2-02-RM4000-M0	VHS	
18	CS	1035	R	1	Cape Glouster – January 10, 1944	A2-02-RM4000-M0	DVD	
18	CS	1036	R	1	Gusap – January 11, 1944	A2-02-RM4000-M0	VHS	
18	CS	1036	R	3	Gusap – January 11, 1944	A2-02-RM4000-M0	VHS	
18	CS	1036	R	3	Gusap – January 11, 1944	A2-02-RM4000-M0	VHS	
18	CS	1036	R	4	Gusap – January 11, 1944	A2-02-RM4000-M0	VHS	
18	CS	1061	R	1	B-24 Formations	A2-02-RM4000-M0	VHS	
18	CS	1062	R	1	Mission Bremen	A2-02-RM4000-M0	U-matic	
18	CS	1064	R	1	Mission to Augsburg Air Field, Near Munich, Germany – March, 1944	A2-02-RM4000-M0	VHS	
18	CS	1075	R	1	Borgon Bay to Cape Gloucester Missions	A2-02-RM4000-M0	VHS	
18	CS	1075	R	2	Borgon Bay to Cape Gloucester Missions	A2-02-RM4000-M0	VHS	
18	CS	1089	R	1	Mission No. 17	A2-02-RM4000-M0	VHS	
18	CS	1096	R	1	Mission to Berlin, Germany – March 22, 1944	A2-02-RM4000-M0	U-matic	
18	CS	1097	R	1	Easter in England With 9th Air Force	A2-02-RM4000-M0	DVD	The running time listed is for reels 1 through 4 combined.
18	CS	1135	R	1	Mission to Brunswick, Germany	A2-02-RM4000-M0	VHS	
18	CS	1180	R	1	Mission to Warnemunde, Germany	A2-02-RM4000-M0	U-matic	
18	CS	1213	R	2	Missions to Bernberg and Oberpfaffenhofen – April 13, 1944	A2-02-RM4000-M0	VHS	
18	CS	1235	R	1	ATC Routes, Gas Supply	A2-02-RM4000-M0	DVD	
18	CS	1252	R	1	13th Bomber Command Training Center	A2-02-RM4000-M0	DVD	
18	CS	1253	R	1	"Dumbo" Rescue Series	A2-02-RM4000-M0	U-matic	
18	CS	1260	R	1	P-38s	A2-02-RM4000-M0	VHS	
18	CS	1282	R	1	"Dumbo" Rescue Series	A2-02-RM4000-M0	VHS	
18	CS	1289	R	1	United Nations Crew	A2-02-RM4000-M0	DVD	
18	CS	1306	R	1	P-61 Night Fighters	A2-02-RM4000-M0	VHS	
18	CS	1311	R	1	Salvage to Propaganda	A2-02-RM4000-M0	VHS	
18	CS	1312	R	1	Fighter Aerobatics	A2-02-RM4000-M0	U-matic	
18	CS	1362	R	2	B-29s Arrive in China	A2-02-RM4000-M0	VHS	
18	CS	1362	R	1	B-29s Arrive in China	A2-02-RM4000-M0	VHS	
18	CS	1374	R	1	B-26 Completes 100 Missions	A2-02-RM4000-M0	VHS	
18	CS	1378	R		Lead Manhattan Address			

図表 I-10　RG18 の映像リスト

27

「RG18 CS9367」（二日市の電車銃撃など）のフィルムは一巻で約 20 分かかる。場所の特定が難しいが、生々しい映像である。2016 年 9 月 26 日に Motion Picture を請求したが、特定する情報が必要になる。すでに誰かが利用したために、二日市の電車銃撃は特定できるが、なかなか特定が難しいため、チェックリストのタイトルがブランクになっている。何も書かれていないことから、ガンカメラの映像であろうと推測して、映像をチェックするしかない。ガンカメラの映像が組織的且つ系統的に残されたという痕跡はないので、偶然残ったのかもしれない。

　よく使われる映像（Videotape Recordings Audio Reels Audio Cassettes Card Catalogues DVDs）は移動書架に並んでいるが、一部が RG18 CS は Videotape に収められ、書架から取り出して映像を見られる。二日市の電車銃撃「RG18 CS9367」は VHS で書架から取り出して、映像を見ることができる。操作も簡単である。

　一部の RG18 CS はパソコンで映像が見られるようになっており、鮮明な画像である。ハードディスクに収められている。私のところに Room4000 のアーキビストがハードディスクをわざわざ持ってきてくれて、これを見ろと言って、PC にハードディスクをセットしてくれた。「図表 I‑10」のデータも提供してくれた。主要な空襲出撃の映像が鮮明な写真で収められている。ヨーロッパ戦線、太平洋戦線、ヒマラヤ越えの B29 など 3 分から 15 分ほどの時間でながめることができる。書架の VHS に比べて画像が鮮明である。日本空襲に向け離陸する B29 などの映像が多く、生々しい空爆の様子を写したものは少ない。何らかの規制をかけているのであろう。

　ガンカメラの映像はチェックリストに何も書いていないものから、逆にガンカメラの映像であろうと推定して捜すしかない。日本の国会図書館憲政資料室や国立公文書館でもぜひ映像も収集し、完璧な目録を作成していただきたいと切に願う次第である。しかし場所の特定は難しいだろう。

I　アメリカのアーカイブ

　写真（Still Picture）と動画（Motion Pictue）を区分して整理して公開
している。空襲だけでなく、戦場の記録も残されている。ここまで記録を
残されているのかと思うと、情報戦に完敗したことがよくわかる。

交通手段

　College Park にあるアーカイブ II へはアーカイブ I から on the hour
（8：00、9：00……）の無料のシャトルバスを利用する（5分間だけ待ち、
8：05 に出る）か、College Park U-Md（メリーランド大学駅）から C8 の
メトロバスを利用するという2通りがある。急ぐときは P. G. PLaza 駅か
らタクシーで行けば 10 ドルほどで、チップ込みで 12 から 13 ドル。シャト
ルバスであるが、P. G. Plaza 駅近くの道路で乗車、降車できるようになっ
ていた。Union Station に近い Federal Registry（下り便 800 North Capi-
tol St、上り便 North Capitol St & G St. の交差点）でも降車乗車できる。
ここでの乗車は慣れないと難しいので、初めて利用する場合、アーカイブ
本館（NARA）から乗るのがよい。

　米国国立公文書館本館（NARA、アーカイブ I）のシャトルバス乗場は、
アーカイブ I の研究者の入口の左側。白いバスが止まっている。所要時間
は 40 分から1時間で、アーカイブ II まで。初めて米国国立公文書館 II に行
くときには、このシャトルバスに乗車するのが、一番簡明で、わかりやす
い。朝一番のアーカイブ II 行のバスは 8：40 〜 55 ごろ P. G. PLaza 駅（ス
ターバックスがあるショッピング街の The Shoppers at Metro Station に面
したところ）にも停車するので、ここでシャトルバスに乗り込む。帰りに
は P. G. Plaza 駅で地下鉄に乗り換えて市内に入ることもできるし、市バス
を乗り継ぐこともできる。最終便の午後5時半のシャトルバスは P. G.
Plaza 駅までの運行である。C8 は国立公文書館 II の構内にも入る。C8 は
メトロ College Park -U-Maryland メリーランド大学駅と地下鉄 RED line
の駅であるメトロ GLENMONT とメトロ WHITE FLINT の3点を結ん

でいて、本数も多く、20 〜 30 分間隔で運行されている。

　http://www.archives.gov/dc-metro/college-park/

　市バスと地下鉄に関しては下記のホームページから時刻表と路線マップ
が手に入る。プリントアウトを持参すること。http://www.wmata.com/

　C8 は朝から夜中まで終日動いている。1 年に 2 日ほど Special Day とい
うのがあり、スタッフの持ち物や車両の検査を行う。この日は、C8 バスは
アーカイブ II の構内に乗り入れない。ID を要求されることがある。私は 1
度体験した。College Park U. of Md 発の時刻は午前 8：07、8：38、9：
08、9：38、10：08、10：38 の 30 分おきに運行されている（2 年以上同じ
出発時刻である）。Archives II 発　午後 3：03、3：36、4：12、4：42、
5：12、5：42、6：12（College Park U. of Md 駅行き）

　Prince George's Plaza（PGP）駅の近くに DUNKIN' DONUT ドンキ
ン・ドーナッツがあり、朝食を兼ねて時間を有効に利用した。無線ランも
無料で提供されている。トイレもある。PGP 駅から F4、F6、J4、J6 のメ
トロバスを使えば New Carrollton 駅もしくは Silver Spring 駅に行ける。
この路線は利用者が多いので、本数がある。30 分ほどで New Carrollton
駅に到着できる。F4 は本数が多い。

3　Library of Congress（米国議会図書館、LC）

クリスマスと新年の休館日

　クリスマスと新年の休館日は下記のサイトで確認されたい。米国国立公
文書館とも微妙に違うので、要確認。ホームページには午後 5 時まで利用
可能とアナウンスされていたが、実際には午後 1 時に閉館であった。イギ
リスのように、Boxing Day のお休みがないだけよいとしよう。2014 〜
2015 年のクリスマスから正月のスケジュールを参考として掲げる。

　http://www.loc.gov/today/pr/2014/14-A06.html

I　アメリカのアーカイブ

Wednesday, December 24（Christmas Eve）

All Library buildings and services, including reading rooms and exhi-
bitions, will CLOSE at 5 p.m.

Thursday, December 25（Christmas Day, Federal Holiday）

All Library buildings and services, including reading rooms and exhi-
bitions, will be CLOSED to the public.

Friday, December 26（Closed by Executive Order）

All Library buildings and services, including reading rooms and exhi-
bitions, will be CLOSED to the public.

Wednesday December 31（New Year's Eve）

All Library buildings and services, including reading rooms and exhi-
bitions, will CLOSE at 5 p.m.

Thursday, January 1, 2015（New Year's Day, Federal Holiday）

All Library buildings and services, including reading rooms and exhi-
bitions, will be CLOSED to the public.

予算カットと人員削減

　米国議会図書館（LC）では予算カット、人員削減の猛吹雪がブッシュ政
権、オバマ政権の時代に吹き荒れた。専門職が米国図書館のやり方であっ
たが、人手不足で様々な職種を掛け持ちしなければならなくなっている。
組織の統合が進んでいるが、これは人手不足のための対応である。世界の
知の宝庫がこんなことでいいのだろうか。

米国議会図書館の入館手続きと閲覧

　地下鉄メトロ Capital South 駅で下車し、エレベーターを上がり、駅を
出て坂道をのぼり切ったところの正面が Jefferson Building であり、右側
が Madison Building である。アーカイブ I （NARA）からだと 30 番台の

31

バスを利用すればよい。Union Station 駅から 9 ブロックなので、徒歩 20 分でよい運動になる。

Madison Building で入館証を作成するのがわかりやすい。入館証を作成する LM133 号室に入ると、カバンなどをクロークに預けろと言われるので、LM140 の部屋でカバンを預け、赤色の引換証を受け取る。ID としてパスポートもしくは国際運転免許証を提示し、入力する。写真を撮る。以上の手続きを経て、Reader Identification Card（入館証）を作成してくれる。米国議会図書館では米国国立公文書館とは異なり、日本の住所を入力する。滞在しているホテル名は不要である。電話番号の入力時、国外であることを示す「＋81」を入れる必要があるようだ。電話番号の入力がうまくいかないと、入力した情報が消える場合がある。スタッフに聞くのがよい。この点はシステムの改善を望みたい。わからなければ、身振り手振りでスタッフに尋ねるのが手っ取り早い。

Madison ビルに入るときに手荷物検査があるが、入館証を作成に来たとか、初めて来ましたと言えば左側にある LM140、LM133 の部屋に行くように指示される。

入館証があれば、事前に PC で On Line 申請できる。日本からでも可能なので閲覧する日時を指定して請求すればよい。OFF SITE の書籍があるので事前に申請し、入館後すぐに閲覧できるのは助かる。

請求書籍を LJ100 の閲覧室で読む場合、Madison ビルからの行き方は以下の通りである。Level G 階までエレベーターで降りて、トンネルを抜けて、Jefferson Building（Adames Building へは途中で右に折れ、下り坂を進めばよい）へ向かえる。Jefferson ではトンネルを抜けたところが Level C 階である。エレベーター（左側にありわかりづらい）のあるところまできたら、1 階上がれば Level G 階であり、目的の閲覧室（Main Reading Room）までは標識にしたがって歩けばよい。Level G 階から Level C 階というカラクリを理解していないと、まるで迷路に迷い込んだような錯覚に

陥る。標識の矢印の表示どおりに歩き、さらに 1 階上がり、LJ100 の入口に到着する。サインして入るが、検索室 Computer Catalog Center と閲覧室（Main Reading Room）両方にチェックをいれて、入室である。Computer Catalog Center でコンピューター検索でき、検索画面を見ながら資料請求する。50 枚までプリントアウトができる。トイレはもう一つ上の階にある。マイクロフィルムの閲覧室もこの近くである。日本の外務省のマイクロフィルム「Archives in the Japanese Ministry of Foreign Affairs, Tokyo, 1868-1945」はここで閲覧する。日本に返却された外交文書がマイクロフィルムで公開されている。無料で PDF に落とせるので、USB を持参すること。これは 2000 巻にもなる膨大な量なので、チェックリストで請求番号を確認してからスタッフに請求する。日本の国立国会図書館にもチェックリストとマイクロフィルムは所蔵されている。同じものがオーストラリア国立図書館にも所蔵されている。

　Jefferson Building には展示スペースと研究者の利用するエリアがあり、エレベーターが 2 台ある。どちらも利用できるが、2 台あるために初めて行くときには迷路のように感じるだろう。Jefferson Building のマイクロ室でも入館証を作れるようになったが、初心者がたどりつくのはエレベーターが 2 台あり、下がってからもう 1 台で再び上の階に上るので、ややこしい。Madison で入館証を作成するのが、わかりやすい。アジア図書館は展示スペースのエレベーターを使うことになる。閲覧室は研究者用のエレベーターということになる。この 2 つのエレベーター（階段を利用してもよい）の「からくり」を理解すれば迷路に入っても抜けられる。

　Adames ビルの 5 階の Science & Business の閲覧室で資料を請求することも可能である。人数が少ないので、ここで本を請求するほうがいいかもしれない。Adames ビルの閲覧室はカバンの持ち込みが許可されており、コートも持ち込める。コソドロもいて、PC の盗難もあったとのことなので、PC などは置きっぱなしにしないように！

Adames ビルの5階の Science & Business の閲覧室（Main Reading Room）では、入ってすぐの左にコピー機が設置されていたが、2014 年 12 月の訪問時には、裏側に配置換えされていた。ときどき配置転換が行われる。コピー料金は 20 セントである。

マイクロフィルムの丸ごと1本の申し込み（発注）方法は下記のホームページを参照されたい。日本への送料を含めて 93 ドルである（2013 年 8 月 20 日現在）。クレジットカードや郵便局からの Money Order で決済できる。大学で決済するには、郵便局の Money Order がわかりやすい。問い合わせは duplicationservices@loc.gov. まで。LOC で直接申し込むのは、Adames ビルの1階の Office of Business Enterprises Duplication Services のある LA128 まで行き、手続きをすればよい。この場合はクレジットカードで決済するのが手っ取り早い。ORDER FOR PHOTODUPLICATION に記載して出すか、（202）707-1771 に FAX すればよい。

http://www.loc.gov/duplicationservices/order/forms/photoduplication_form664.pdf

http://www.loc.gov/duplicationservices/order/

本やマイクロフィルムは seven days reserve area にキープできる。本やマイクロフィルムの返却はテーブルに置いて返せばよい。返却時に、一言スタッフに話すのが無難である。

マイクロフィルムを PDF の画像にして、持参した USB への取り込み方は以下の通り。まず持参したパソコンに USB を入れる。無料である。わからなければスタッフに聞くこと。回転は Rotate である。画面に向かって左上の Cropping →左下の Scan Selection（範囲指定をやり直しは Clear Selections）→右下に画像が取り込まれて、表示される。→左上の File → Basefilename: にメモ書きを入れる。→ PDF であることを確認して

Save → USB に取り込まれたかどうかチェックしてから、画像を消去（これを怠ってはならない）。取り込まれていないと最初からやり直さないといけなくなる。

　館内のリーディングルームで無線ランが使える。メールの送受信ができるが、当然内容をチェックされている。私は、この無線ランのおかげで国立国会図書館や九州大学の図書検索システムを併用しながら、検索をさらに効率よく行える。日本の図書館に蔵書があるかないか調べることができるので、助かる。Manuscript Library には政治家や軍人の個人文書が所蔵されている。詳細は米国議会図書館のホームページにアクセスされたい。

Asian Reading Room（Asian Library）

　LJ100（Main Reading Room）からだと Level G 階まで降りて、標識に従い歩いて、Asian Reading Room（日本、中国、韓国、東南アジアの各セクションからなる）の方に歩き、またエレベーターで 1 階上がり、LJ150 の Asian Reading Room に行く。平日 8：30 〜 5：00 まで。Budget Cut 旋風が吹き荒れ、昔 5000 名いたスタッフが 3200 名まで削減された。新しいスタッフを補充しないようだ。

　Tel：202-707-5426

　Fax：202-707-1724

　E-mail：asian@loc.gov

　Asian Reading Room ではカードで検索するのがいい。パソコン検索はローマ字入力で綴りが微妙に違うので、最初のうちはカードインデックスで請求番号（Call Number）を割り出したほうがいい。パソコンの検索画面では漢字の読みの問題が解決されていない。慣れてくれば日本語はこのように綴っているというのが理解できるので、パソコン検索が威力を発揮する。一番奥のカードボックスにマイクロフィルムのカードインデックスがある。MOJ Numbers がカード番号と Author & Title で検索できるよう

になっている。MOJ の 5000 番台はカード目録にない。South Manchurian Railway Company Collections や Mitsui Collection（University of California at Berkeley Card catalog）もすぐわかる。周知のように MOJ に関しては米国議会図書館日本課が 1992 年に刊行した目録 Japanese Government Document And Censored Publications -A Checklist of the Microfilm Collection（ISBN0-8444-0645-7）が役に立つ。

　目録があるので、日本人スタッフの方に目録（本になったチェックリスト）を閲覧させてもらうこと。これが一番早い。マイクロフィルムの MOJ シリーズは日本から発注できる。なおロシア政府との契約の関係で、ロシア関係のマイクロフィルムは複製ができない。

　田中宏巳編『米議会図書館所蔵　占領接収旧陸海軍資料総目録』（東洋書林）に載っている押収資料は、目録の頁、番号、タイトルをメールで連絡するとよい。あっとおどろくような、想定外の面白い資料がある。同目録の 358 頁の 5208『明治三十七八年海戦史』（LCCN954271410）は 104 冊もあり、記述が詳細である。保険とか給与とか細かいものが残っているので、穴場である。日本人司書に相談してから、資料請求するとスムーズにいく。資料はデジタルカメラで撮影できる。同じように戦場で押収されたり拾われたりした資料群が米国国立公文書館Ⅱにある。RG127, Entry#：39A。

　上の『明治三十七八年海戦史』であるが、市ヶ谷に移転した防衛研究所戦史研究センター（旧防衛研究所戦史部図書館）にも所蔵されている。アジ歴で閲覧可能で「防衛省防衛研究所→海軍一般史料→⑨その他→千代田→明治 37．8 年海戦史」でアクセスされたい。米国議会図書館では、カート 1 台で一括すべて 104 冊出庫してもらうことが可能である。

4 Naval History and Heritage Command Archives （旧称 Naval Historical Center、NHC）（米海軍歴史センター）

メトロ Navy Yard 駅には野球場が建設され、試合の日には W の帽子やユニホームを着た人たちが地下鉄のホームにあふれていた。治安が格段によくなっている。米海軍戦略図書館という表記もあるが、米海軍歴史センターと訳した。日本の国会図書館では、「米海軍歴史・遺産コマンド（旧・米海軍歴史センター）」と和訳している。

行き方

メトロ Eastern Market 駅で下車するか Union Station 駅巡回バス Circulator（米国議会図書館と Union 駅へも行ける。Metro Navy yard-Metro Union Station）のバスで行くのがよい。Eastern Market 駅周辺は治安が見違えるようによくなった。Eastern Market 駅を過ぎて 8th St. に入ったら、90、92 番バスか Circulator（Metro Potomac Ave-Metro Anacosta）に乗り換え、M th と 11th の角を右折して、O St. で下車すればよい。Eastern Market 駅から徒歩 20 分くらいである。

他には 90 番台のメトロバスに乗り、Navy yard の正門近辺の 11th St. で降りて、O St Gate まで歩いてもよい。O St. で降車してもよい。アーカイブ I から P6 を使って Navy Yard 駅を経由して Navy Yard にも行くことができる。90 番バス、P6 は O St. で降りる。

2015 年 9 月に NHHC 訪問時には O St. の Visitor Center に行き、パスポートを提示し、誰に会いたいのか伝え、そこから電話をしてもらい、もしくは自分で電話をかけ、迎えに来てもらい（エスコート）、カウンターでパスポートを見せ、パスポートのコピーを取られ、「NAVAL SUPPORT ACTIVITY」という白い紙に上から順に「NAME, BLDG.NO., VALID FROM: TO   , APPROVED   DATE

」を書いてもらい、エスコートしてもらうというやり方で、セキュリティが厳しくなっていた。退館時にはどこのゲートから出ても大丈夫である。「NAVAL SUPPORT ACTIVITY」は返却しなくてよい。

2回目の訪問の時は自分でアーキビストに電話をするように言われた。私の場合は、米海軍研究者の友人がいるので、そのルートでアーキビストにメールを送り、返事が来て資料を閲覧できたが、初めて行く場合は手紙（メールアドレスも書き、メールに返事をくださいと一筆）を書き、アポを取るべきである。

Weekday が開館、ただし水曜日は閉館。開館時間は9時から4時まで。2015年9月には200号館1階にアーキビストが研究室を持っており、閲覧室は一番奥にある。荷物をロッカーに入れ、鍵まで用意されているが、こんなにセキュリティがきびしいところで鍵などかける必要はない。サインし、時刻を書き込み、AVIATION と SHIP の2つの研究分野のどちらかチェックを入れる。私は両方にチェックを入れた。200号館の1階に閲覧室があるが、閲覧室を出てトイレに行く際に一声かけて出て、戻るときにはベルを押すというやりかたである。ベルを押すとアーキビストが迎えに来るというセキュリティの厳しさである。2015年9月訪問時には Thomas Hart Papers をながめたが、アジア艦隊に関するもの、書簡、日記などに目を通した。デジカメで撮影できるので、効率よく進む。

食事をするところ

B184号館に Mac があり、朝5時半から午後5時まで開店。同じビルの中に売店があり、酒とか服とか文房具が置いてある。2013年8月には Mac は撤退し、ドンキードーナッツとサブウェイが営業していた。57号館を出てまっすぐ左に200メートル下がり、右手にある22号館にカフェテリア（Food Court）がある。イタリア料理、中華料理（Rice King）、スープ、すし（OUTTAKES という店の中で販売）にありつける。

I　アメリカのアーカイブ

RESEARCHER INFORMATION:

Directions：http://www.history.navy.mil/about-us/contact/directions-and-access.html

Map：http://www.history.navy.mil/about-us/contact/navy-yard-map.html

IF YOU DO NOT POSSESS SOME FORM OF U.S. MILITARY I.D.（ACTIVE, RETIRED, OR DEPENDENT）OR A U.S. GOVERNMENT CAC CARD, YOU MUST REPORT TO THE VISITOR CENTER ON THE CORNER OF 11TH & O STREET. YOU MUST PRESENT A GOVERNMENT ISSUED I.D. SUCH AS A DRIVER'S LICENSE OR PASSPORT TO VISITOR CENTER PERSONNEL AND CALL FOR AN ESCORT TO GAIN BASE ACCESS:

ESCORTS -
……省略……
ARCHIVES DESK 202-433-3170

所蔵資料 Collections

B57 号室で閲覧できる主な資料（Naval History & Heritage Command 805 Kidder Breese St. SE）

Personal Papers of Admiral William V. Pratt ,USN　1869-1962

ADM Harold R. Stark Papers, 1919-1981

Papers of Secretary of the Navy William Franklin Knox 8 箱。

B200 号室で閲覧する主な資料

Thomas Hart Papers

2015 年 9 月現在である。今後 B200 の建物に移管されていくとのことである。米国国立公文書館にも移管される資料もあるだろう。

5　University of Maryland Prange Collection （メリーランド大学プランゲコレクション）

地下鉄 College Park-U of MD 駅から 104 番の無料シャトルバスもしくは C8 のバスを利用する。無料のシャトルバス（104 番）であれば、ロータリー M を通り抜けたところで降り戻ればよい。C8 のメトロバスの場合はロータリー M の学内に入ったところで降りて、坂道を掲示に従ってのぼり、右手にある。学生に尋ねるのが一番はやい。メリーランド大学の構内を走るバスは、C2、F6、C8、J4 の 4 路線ある。

Hornbake Library の 4 階にあるのがゴードン W. プランゲ文庫である。事前予約が必要なので、メリーランド大学の下記のアドレスに日本語で予約を取ること。日本人スタッフがいるので、日本語でも大丈夫（2018 年 5月、6 月に訪問したときには、1 階で特別コレクションは閲覧するシステムに変更されていた。PC 上から資料を申し込む）。

prangebunko@umd.edu

電話：301-405-9348

http://www.lib.umd.edu/prange

写真コレクション、子供の童話、旧海軍文庫の蔵書、ポスターがある。雑誌に関しては国立国会図書館で十二分に調べていくこと。また早稲田大学のプランゲコレクションの検索（雑誌のタイトル）も併用するとよい。そのほかローマ字入力（漢字も可だが、新字体と旧字体のどちらかでないとヒットしない）が、メリーランド大学の検索にもチャレンジすること。

Notes のところに「検閲」と入力すると、検閲で削除箇所がある雑誌や書籍がヒットしてくる。国立国会図書館が中心となり、童話のデジタル化が進んでいる。

　九州大学には石炭関係の会社社報や労働組合の機関紙などのプランゲコレクションのマイクロフィルムがある。私がプランゲ文庫のすごさを思い知ったのは、三井三池労働組合の「みいけ」の前身である「組合だより」が全部そろっていたからである。日本の国立国会図書館にもマイクロフィルムが入っている。電撃訪問や奇襲訪問は避けるべきで、正々堂々と事前に連絡をしていくとスムーズにいく。アポイントが必要。赤旗の検閲の記録があるので、若い研究者にチャレンジしてもらいたい。

大幅に変更されたシステム

　ホーンベイク図書館 1 階で資料を閲覧でき、スペシャルコレクションの資料の閲覧が 1 階の閲覧室に一括管理に変更された。現在 4 階に上がることはできない。ユーザー登録を行い、それから資料を PC で行うことになり、訪問する前にユーザー登録を行い、資料も請求していくべきである。図書館の中で無線ランを使うのには許可が必要で、面倒な手続きを踏まなければならない。館内のパソコンは学内者用で、私は上手くアクセスできなかった。訪問前にユーザー登録をして、資料を請求すべきだと実感した。資料の請求は案外最初はややこしい。日本語（ローマ字）でするのがよい。大文字と小文字は認識しない。日本で事前に資料請求してから行かないと、手こずる。無線ランの設定もややこしい。First Time User のページをクリックして、情報を入力する。資料請求は、解説を丁寧に読んでそれから請求すること。ホーンベイク図書館にはメリーランド大学のカラー地図が置いてあるので、それを 1 枚入手すること。同大学の全体が一目瞭然である。

　4200 Hornbake Library North, 4130 Campus Drive, College Park, Maryland 20742-7011

6　ワシントン DC アラカルト─走り回ります DC を！

交通手段　空港から市内まで

　ダレス国際空港から市内に入るには、荷物があるときは Super Shuttle（http://www.supershuttle.com/Default.htm）、もしくは地域に密着した SUPREME の相乗りタクシーの利用をすすめる。空港で乗るときには予約は不要。2018 年 9 月には道路を跨いだところにスタッフ（Super Shuttle 青い上着を着ている）がいて、そこで名前とホテルの住所を伝えて予約するという簡便なやり方に変わっていた。Uber に料金面で対抗する必要があるのだろう。市内のホテルまで 32 ドルでチップは 15 パーセントとして 5 ドルだろう。空港からのほうが安い。

　帰路はインターネットで申し込む。電話は聞き取りが不安なので、必ずネットで申し込む。大きなホテルだと住所はクリックすれば表示されるが、ユースだと住所を大文字で打ち込む（ユースでもホテル名で住所が表示されるようになった）。ベテランの運転手が多く、安全運転。3 人から 4 人の相乗りが多い。市内見学もできると思えば案外楽しい。College Park のホテルから 39 ドルであった。Super Shuttle の電話番号は以下の通り。

Area Code202：202-296-6662

Area Code703：703-416-6661

All Other Area Codes：1-800-258-3826

www.supershuttle.com

　SUPREME でのネットでの帰路便（往路も）の予約は上のホームページから行うことができる。国内線は 3 時間前、国際線は 4 時間前にホテルまで迎えに来てくれる。SUPREME は 2 名とか 3 名で相乗りする。チップは 10％、15％、20％の選択肢があるが、10％にしておき、当日運転手が正確

な時刻に来た場合にはさらにチップとして2ドルを運転手に渡せばいい。

2018年9月にネットで予約した際には会員登録することになっていた。極めて簡単な登録である。SUPREMEの場合は、最初の画面で簡易登録するというシステムである。DC市内からダレス国際空港IADまで32ドルでチップが5.767ドルで、Driver Feeが1ドルの合計38.76ドルであった。メールで契約内容が送信される。メールで申し込みが確定するので、メールで確認されたい。

ダレス国際空港と地下鉄をつなぐ Washington Flyer

Washington Flyerは、2014年12月23日訪問時、Silver Line Expressという名称に変更され、4番出口（Level Door 4 of the Main Terminal）とWiehle-Reston East Metro Rail Stationを5ドルでつないでいる。washfly.comに最新の情報がアップデートされている。4番出口を出たところで、5ドルで切符を購入し、乗車時に切符を渡す。Restoneは地名である。Bay（停車場、乗り場）はエレベーターを下ったところのBである。帰りのダレス空港行きでは下車してから、5ドル支払う。

981と983番バスは少し時間がかかるが、一番安くDulles Airportと地下鉄Wiehle-Reston East駅を結んでいる。航空宇宙博物館（Udvar-Hazy Air & Space Museum）もこのバス983で行くことができる。空港とメトロ駅は32分かかる。20分に1本の間隔である。これも利用するとよい。981と983番バスのWiehle-Reston East Metro Stationの発車時刻は、10時以降は10：00　10：20　10：40　11：00というようにきりのいい20分間隔でDulles空港まで運行されている。Herndon-Monroe Park & Rideで5分ほどの時間調整がある。航空宇宙博物館にも行くので、平日同様、土曜日、日曜日も平常通り運行されている。ダレス空港での乗り場（981と983）は5Aの乗り場は近い。2018年6月はダレス空港を出て、道路を1つわたり右に行けば、バス乗り場の標識がある。Wiehle-Reston East駅では

乗り場 K からバスに乗る。帰りは地下鉄から乗り継ぐと 1.5 ドルである。

　また 1 時間に 1 本の市バス 5A で Rosslyn 駅へ 7 ドルで行くのもよいらしいが、使ったことはない。地下鉄の日曜日は事前に運行時刻をネットで確認されたい。平日は地下鉄の本数は 10 分に 1 本ぐらいである。朝一番の帰国便搭乗には、Super Shuttle か、メトロバス 5A を使うことを考慮されたい。Rosslyn 駅 5：05（出発）→ 5：42（到着）、5：45 → 6：22、6：15 → 6：52、6：48 → 7：28 以下午前中の出発時刻は 7：18、7：53、8：28、9：08、9：48、10：28、11：08、11：48

　Dulles 空港発 Rosslyn 駅到着の午前の時刻は次のとおり。9：55 → 10：30、10：35 → 11：10、11：15 → 12：30

　土曜日、日曜日に工事が入り、片側通行などの通行規制のために、大幅に本数が減る日がある。土日は早めに移動されたい。行事があり、交通規制が入るとメトロバスの運行がズタズタになるので、注意されたい。

ホテルに関する情報（アーカイブⅡ周辺）

　70 ドル〜 100 ドル前後（ホテルの料金には State Tax と Country Tax が加算される。）の下記のようなチェーンホテルがあるので、インターネットで探されたらいいと思う。海外からの若い学生はこのチェーン店を利用しているようだ。Expedia というサイトなどで宿泊料をチェックされるとよい。値段がシーズンによって動くので、こまめにチェックするとよい。客がいなくて値段を下げるホテルが狙い目。いつも安いホテルはサービスが相当に悪かったり、部屋が道路際でうるさかったりするときもある。

　Baltimore Ave. に沿って Howard Johnson Express Inn-Collage、Super 8 Motel-Collage Park/Wash DC Area、Days Inn-Collage Park、Red roof Inn が林立している。米国国立公文書館Ⅱからは 3 キロから 5 キロほど離れている。市バス（86、81、83、C2）か THE BUS の 17 番（Route 17）

で College Park-U-Maryland 駅かメリーランド大学周辺で下車し、C8 の
バスに乗り換えて、国立公文書館に行くことができる。初心者は 83 番バス
（86 番バス、17 番、C2 も可）と C8 の組み合わせ。もしくは男子学生は歩
いていくのが健康的でいいかもしれない。Google の地図にバス乗り場とバ
ス番号が書かれているので、活用されたい。反対車線のバス停まで行くと
きであるが、信号のあるところまで歩くか、センターラインの Turn Lane
まで行き、車の流れがないときに渡るのであるが、朝のラッシュアワー時
には Turn Lane で手を挙げれば、止まってくれる。

　送迎バスサービスのあるホテルは少し割高である。C8 のメトロバスで
Baltimore Ave まで出て、86 番か 83 番（少し歩く）でホテルへの帰路に就
くのが無難。必ずホテルの位置をグーグルマップで確認し、プリントアウ
トすること。初日は荷物が多いので、Gleenbelt 駅か College Park-U-
Maryland 駅でタクシーを拾い、行くのがよいだろう。バスの時刻表もプ
リントアウトすること。College Park-U-Maryland 駅のタクシー乗り場で
あるが、巨大な駐車場のため乗り場がみえない。駐車場の側面にタクシー
乗り場がある。昼は 2 台ほどしか並んでいない。夕方は数台並んでいる。
Gleenbelt 駅は昼間にもタクシーがたくさん待機している。

　宿泊料金が高くなるが、Best Western Plus とか Holiday Inn Express &
Suites に泊まる手もある。前者のホテルは客層がいい。後者のホテルは大
型バスが駐車場に並んでいるので、海外の団体客が泊まっているのだろう。
学生には値段が高い。ちょっとした価格の違いだが、Howard Johnson
Express Inn-Collage、Super 8 Motel-Collage Park/Wash DC Area、Days
Inn-Collage Park、Red roof Inn とは客室が違う。アメリカの一面がよく
わかる。学生にはここで十分で 2 人か 3 人で利用して（Extra Bed も含
め）、大いに勉強していただきたい。2018 年 6 月にオープンした The Hotel
は高級ホテルでアメリカの金持ちが泊まるホテルなので、学生の泊まるホ
テルではない。外から眺めるだけである。アメリカ人はどこのホテルに泊

まったかというのをステータスと考えている。中産階級の人たちは中産階級のホテルに泊まろうとするから面白い。

　Howard Johnson Express Inn-Collage、Super 8 Motel-Collage Park/Wash DC Area、Days Inn-Collage Park の3つのホテルが同一経営の傘下になり、値段が割高になっている。学生は市内の相部屋のユースで泊まるのもいい経験になる。若い時でないと時差がきついので、相部屋は大変である。4人部屋であれば、日本人4人で部屋を占有するという手もある。

Circulator を乗りこなそう

　地下鉄と巡回バス Circulator に慣れれば、タクシーは不要である。1ドルで DC を端から端まで動きまわることができる。バスの運転手さんは親切だ！　最初は地図を見ながら、どこに行きたいと運転手さんに伝えて、助けてもらうこと。もちろん English でなく Janglish（日本語のカタカナ英語）である。Union Station からだと3階のバスターミナルから Georgetown 線が出ている。Navy Yard 線は Union Station 駅から Navy Yard 駅に行くことができる。Georgetown 線では 11th St. で降りれば、HI-Washington、DC ユースホステル、チャイナタウン、Farrgult North、Forrgult West、Georgetown に行くことができる。後者の Navy Yard 線では Eastern market 駅を経由して海軍歴史センター（Navy Yard の 11th O St. から入る）に行くことができる。本当に重宝な巡回バスである。Eastern Market を走る路線は2路線あり、川を渡る Circulator は、M St. と 11St. には停車しないので、Eastern Market 駅を過ぎたら、運転手に Navy Yard と言って、下車すること。Navy Yard と言った場合、メトロ駅と思われるので、その点は注意がいる。Circulator は路線が増えつつある。

　アメリカのバスは貧しい人たちのために本当によくできている。医療制度は制度の不備が問題であるが、メトロバスはアメリカのすばらしい弱者救済の精神を発揮している。タクシーしか乗らない日本のマスコミ記者も

I　アメリカのアーカイブ

バスに乗ってもらいたい。2015 年で 'Celebrating 10 years of Service' で
あった。

バスの料金

　メトロバスは 1.75 ドル（2018 年 5 月は 2 ドルに値上がり）。Express は
4.00 ドル（4.25 ドルに）ダレス国際空港行（5A）とボルチモア国際空港行
（B30）は 7.00 ドル（7.50 ドルに）。Rail to Bus の乗換は 1.25 ドル（1.50
ドルに）。Bus to Bus の乗り換えは初乗りから 2 時間以内であれば無料
（free bus-to-bus transfers within a two-hour time period）。メリーランド
州を走っている THE BUS は 1.25 ドル。市内を縦、横に走る Circulator
は 1 ドル。

　地下鉄は Peak 時と Off-Peak で値段が変わる。いちいち値段を確認する
のはめんどくさいので、地下鉄の駅で SmarTrip というカードを買うのが
いい。この SmarTrip とロンドンの Oyster は米国企業の Cubic のシステム
であるので、ほとんど同じような機能で、地下鉄とバス、地域のローカル
な電車に使える。私は、「C8 →地下鉄→ F4」という組み合わせで途中に地
下鉄を挟んだが、バス代金は 1 回分の 1.75 ドルだけであった。

THE BUS17（Route 17）

　Route 17（17 番バス）は Ikea Store-College Park Metrorail Station-
Rhodo Island Ave.@34th Street を結んでいる。5：30AM から 7：30PM
まで 30 分間隔で運転している。Ikea Store 方面には Baltimore Ave. に沿
ってホテルがあるので、86 番と 17 番バスは貴重な交通手段である。Ikea
の近くに Holiday Inn-College Park があり、ホテルがアーカイブまでシャ
トルバスを出しているようである。17 番バス（Northern Prince George's
County の国道 1 号線に沿った County バス）の路線図と時刻表は下記の通

りである。平日のみの運行。

http://www.route1ride.org/route-map/

http://www.route1ride.org/printable-schedule/

Super 8、Days Inn、Harward Jhonson、Redroof Inn であれば、86 番
と 17 番バスに乗り換えずに、アーカイブから C8 に乗って、メリーランド
大学のロータリーで降り、歩いて 30 分である。運動不足解消になるので、
歩いてホテルに帰るのがいいであろう。一度歩くと周辺の地理がよく理解
できる。

女性にすすめるホテル

Holiday Inn-College Park（推奨）はホテルのシャトルバスでアーカイブ
Ⅱまで送迎をしているようである。10000 Baltimore Ave, College Park,
MD 20740

おそらく最寄の地下鉄のメトロ駅までの送迎はあるはずである。運転手
にチップを必ず 2 ドル（複数乗車時には 1 ドル）は渡し、喜んで送迎をし
てもらおう。ちょっとしたチップで時刻通りに迎えに来てもらえる。バス
であれば 86 番バス、17 番バスと C8 の組み合わせになるが、ホテルの送迎
バスで送り迎えを頼むのが一番よい。Ikea Store の近くのため、米国国立
公文書館Ⅱから遠いのが難点であるが、研究者が利用するので、朝 9 時ご
ろアーカイブに送り、5 時にアーカイブに迎えに来てくれるようだ。各部
屋に電子レンジ、冷蔵庫が備えられている。Holiday Inn Express and
Suites もシャトルバスサービスがある。こちらはアーカイブに近いので C8
のバス停（メリーランド大学構内）まで歩けばよい。少し割高で、中国人
団体客のバスがいつも停まっている。Best Western Plus 料金は高いがとて
もきれいなホテル。大学の講師、准教授、教授の宿泊するホテルで学生に
は少し高い。Holiday Inn Express & Suites は新しく改装されたが、こち

I　アメリカのアーカイブ

らも学生には高すぎる。2 人～ 3 人で泊まるなら OK である。後述するが
Crystal City の The Americana Hotel も女性には推奨できる。このホテル
は地下鉄で 1 本である。夏場は料金が比較的高い。アーカイブ I、アーカ
イブ II、米国議会図書館の利用に便利である。ホテル宿泊サイト booking.
com で予約すると値段が安い。ホテルの料金には State Tax と Country
Tax がかかる。

ワシントン DC のユースホステル、その 1

Capital View Hostel

　Capital View Hostel は地下鉄チャイナタウンから徒歩圏である。Union
Station から歩いてもよい。米国国立公文書館までは 7th まで歩いて 70 番
バス、74 番バスでアーカイブ I まで行ってもよいし、歩いて行ってもよい。
健康のためには、どうしても食べ過ぎるので、米国国立公文書館本館まで
歩き、シャトルバス（連絡バス）でアーカイブ II まで行くことができる。
最寄駅は 2 駅あり Judiciary Square Station と Gallery-Place Chinatown
Station である。住所は以下の通りである。1st と 3rd の角である。

　301 1 street NW Wsshington, D. C.

　contact@capitalhostels.com　TEL：202-450-3450

　2 人部屋、4 人部屋、6 人部屋など全部で 9 部屋ある。女性だけの部屋も
ある。シャワー（シャンプーなどあり）とトイレも多く、どこかがあいて
いて使える。朝食は付いていないが、ホットケーキの粉があり、ホットケ
ーキを自前で焼けばよい。フライパン、油、シロップが用意されている。
鍋、電子レンジ、トースター、湯沸かし器（大と小）、電気、IH、冷蔵庫
2 台、食器類、まな板、包丁、スプーンなど一通りそろっている。洗濯機
と乾燥機は午後 3 時から午後 8 時半まで利用でき、料金は 5 ドル。3 階に
2 台の PC が置かれている。近くにスーパー Safeway があり、食パン、牛

49

乳、肉、野菜（しいたけもある）、果物、電子レンジ用のご飯、カップラーメン、醤油を購入できる。Safeway のカードが台所に置かれているので、これを借りていけば、10 パーセントほど安上がりになる。米国も物価が日本と比べると相対的に高くなっているので、Safeway で食料を調達して、例えば肉をフライパンで焼くのが安上がり。住所は 490 L St. NW Washington, DC。

2 人部屋には机と蛍光灯が備えられている。荷物はチェックイン前の午前 11 時から預かってくれるし、チェックアウト後も預かってくれる。2 人部屋を 1 人で予約できる（相部屋になる可能性もある）。2 人で予約すると割高なのでおすすめできない。学生などは 4 人部屋を 4 人か 3 人で予約するのがいい。家族で 4 人部屋を予約している観光客も多い。時差の関係で 9 時ごろ床に就き、午前 3 時とか 4 時に起きるという生活パターンを続けるか、12 時（0 時）に寝て 7 時に起きるという生活にするかである。1 週間ならば前者、3 週間ならば後者である。2 週間ならば本人の判断で決めること。

清掃が行き届いているので、綺麗好きの人にはおすすめである。清掃料金として 5%加算される。それでも綺麗なほうがいいだろう。清掃が行き届いているのがいい。またシャワーとトイレが多いのも助かる。チェックインの時刻を過ぎると、ネットで予約をしなければいけないが（ピン番号をメールで伝えてくれる）、金額は相殺してくれる。下記のサイトから直接予約できる。

WWW.capitalhostels.com

若い学生は相部屋での生活を堪能されたい。

ワシントン DC のユースホステル、その 2

Hostelling International-Washington DC（推奨）

（1009 11th Street NW Washington DC 20001）の 4 人部屋について。

I　アメリカのアーカイブ

　地下鉄メトロセンター駅から北へ 3 ブロックいった DC の中心部にあり、「11th と K」との交差点に位置し、わかりやすい。4 人部屋を予約したため、学生と私だけでセキュリティーは問題なかった。ダウンタウンのアーカイブ I まで歩いて 20 分くらいであり、地下鉄グリーンラインのチャイナタウン駅まで徒歩 10 分、レッドラインのメトロセンター駅まで 8 分ほどで交通のアクセスは抜群によい。平成 21（2009）年 12 月現在では 6 人部屋が 32 ドルに値上がりしていたが、朝ごはん付きであるのは助かる。4 人部屋が 39 ドル。4 人部屋の希望者が多いのだろう。しかしこれは高すぎる。6 カ月間で 14 泊以内しか宿泊できない。二段ベッドなので、下のベッドのほうが落ち着くのでできるだけ下にしてもらうこと。女性だけの部屋もある。ユースの相部屋としては値段が高いが、アーカイブ I まで徒歩圏で、学生にはすすめる。女性にも安心である。

　インターネットで申し込みができ、返事も必ず返ってくるし、キャンセルもメール 1 本で済む。washingtondc@hiusa.org

　Expedia とか booking.com とかの旅行サイトで申し込むこともできる。2 階には食堂とキッチンがあり、大型冷蔵庫 3 台、電子レンジ 5 台、ガス 2 台、マグカップ、皿、鍋、フライパン、ヤカンなど完備。コーヒーや紅茶のサービスがある。無料だが、コーヒーのまずさは天下一品。1 階のカウンターにバスの時刻表（ニューヨーク行き長距離バス、空港までの行き方、市バス）・シャトルバスの申し込み方・レストラン・大使館などの情報を綴じ込んだファイルがあり、大変便利。7 時から朝食サービス。パン、ベーゲル、牛乳、オレンジジュースなど。北に 2 ブロック歩くと、11-M の交差点には、韓国人の経営するコンビニ、クリーニング屋、メキシコ料理店、少し歩くと酒屋がある。コインランドリーは 6 ドル、4 ドル、3 ドルで洗濯できるようだ。洗濯、乾燥は 25 セントコイン 4 枚。HI ユースの地下 1 階の洗濯機は 1 ドルで、乾燥は 40 分で 1 ドル、昔は 25 セントで 8 分であった。時間の制約がある。11-M の先の 11th と N St. の交差するところに

Capitol Market（1231 11th St. NW）がある。ここにはカップラーメン、キムチ、野菜、魚、肉、醤油がある。水が1GAL（3.78L）で1ドル。この近辺はヒスパニックがタウンを形成しつつある。若い学生は相部屋のユースホステルを積極的に利用すべきである。世界中の若者と交流できるし、たまたま一緒になった日本人とも交流の輪が広がる。

　私も若い頃はユースの相部屋でも大丈夫であったが、歳を重ねると個室の利用が多くなる。学生時代に国際交流を満喫されたい。ユースは若いときでないと泊まれないので、ぜひ学生はユースを利用して海外に羽ばたいていただきたい。米国のホテルは長期的に料金が高くなる傾向が続いている。デフレの日本とは違うことがよくわかる。

ワシントンDC郊外の推奨ホテル

Metro Point Hotel New Carrollton（大学の若手教員向け）

　Expediaというサイトで極端に安い値段をオファーしていたので、予約をして泊まったが、きれいなホテルであった。三つ星と二つ星との違いを痛感させられた。近くにスーパーが2つ（ShoppersとFood）もあるし、レストラン（IHOPEは隣接）、ファミリーレストラン（Bojangles' のBacon, Egg & Cheese Biscuitはおいしい。ディズニーもある）、スターバックスコーヒーがある。New Carrollton駅行きのメトロバスも多い（16番バスは少し歩く。ホテルの前でT14番バスは停車、G12、G13、G14、G16も利用可能）。ホテルも30分間隔でシャトルバスを出してくれる。帰りはホテルに電話をすれば、迎えに来てくれるが、市バスが出ているので、それに乗ったほうが早く帰ることができる。ホテルのPick upバスは道を渡ったところに迎えに来てくれる。朝7時10分から30分間隔で迎えが来て、午後10時10分まで。来ない時もあるので、電話：301-459-6700をかけるのが無難。I am waiting for the Shuttle bus coming at Metro Station.といえばよい。徒歩20分なので、明るければ歩いてもよい。ホテルのシャトル

Ⅰ　アメリカのアーカイブ

バスを利用したときには1ドル渡すと、対応がよくなるので、長期滞在時には必ず渡すとよい。毎日帰りが6時30分であれば、1ドルで6時40分頃に迎えに来るはずである。1ドルのチップを渡し、帰りの迎えの時刻を告げるといいだろう。時間通り来たときにはチップを2ドル払おう。1時間に1本のT14（Rhode Island Avenue駅行き）の時刻表は持ち歩くこと。ホテルの目の前で止まる。

　米国国立公文書館Ⅱに行くには、F4のバス停まで歩き（スーパーのShoppersの駐車場の前から乗る。歩いて5分）、F4のメトロバスに乗り、Prince George's Plaza（PGP）駅で下車して、シャトルバスに乗り換えればよい。New Carrollton駅まで行ってF4でもF6にどちらに乗ってもよいが、F4のほうがShoppersの前から乗降できる。アーカイブのシャトルバスが8：40～50頃来るので時刻を確認すること。シャトルバスに乗り遅れると、タクシーで行くしかない。F6とC8という組み合わせも可能。F6はF4より本数が少ない。帰路であるが、シャトルバスでPGP駅に行ける。C8の利用まで考えると、New Carrollton駅まで行ってF6のほうがいいかもしれない。F4でPGP駅まで行き、隣のメトロ駅であるCollege Park-U of MD駅でC8のメトロバスを利用することも可能。F4の乗客は多く、夕方は満員である。時刻も遅れることが多い。搭乗客が多いということは治安もいいということになる。

　このホテルは米国議会図書館にはオレンジライン1本で行けるので、米国国立公文書館Ⅱ利用が主目的ではなく、米国議会図書館と国立公文書館本館の利用時にも宿泊できる三ツ星ホテルということになる。冬の価格を下げたときが狙い目。春から夏は案外高い。ホテル周辺はスーパーやレストランが多いので、交通量が多いため夜でも歩いて大丈夫（男性）。ホテルはきれいでサービスがよい。安い値段をオファーしているときには朝食のサービスが付かないが、スターバックスが朝5時半ごろから営業しているし、24時間営業のIHOPで食事をすることもできる（チップ15％）。前日

53

にスーパーで野菜、パン、サンドイッチを買えばよい。タイ料理兼中華料理（チップは不要）のお店も近くにある。少し歩くがマックもある。コーヒーメーカーでお湯を沸かせばよい。チャンネルは少ないが、大型画面のテレビがある。アメリカンフットボールの試合があると高くなるようだ。Expedia、Booking.com というサイトでチェックされたい。電子レンジは食堂に1台あり、それを利用する。2016年3月に宿泊したときには、電子レンジと冷蔵庫を部屋で使う場合、経費がかかるということがわかった。

　ホテルの出発時刻は ON THE HOUR で30分刻みであるが、駅からシャトルバスの運行を定時に行えばいいのだが、電話をして呼び出すことになる。歩いて15分なので、健康のためには歩いて帰るのがいい。夕暮れであれば F4（スーパーの前で降りて歩く）とか T17（ホテルの前で止まる）Rhode Island Avenue-New Carrollton Line を利用してもよい。T14は土曜日、日曜日も運行されており、1時間に1本であるが、貴重な交通手段である。New Carrollton 駅にはアムトラックの駅の待合室がある。ここで時間をつぶすこともできる。ここで時間をつぶし、1時間に1本の T17 を待つということも選択肢である。売店もある。私はここの売店で新聞を買う。トイレもある。朝夕は Mark Train で Union Station まで行くこともできるが、料金は5ドルである。BWI 空港まで1本で行ける。

Arlington の Americana Hotel（アメリカーナホテル）

　VA州のアーリントンのアメリカーナホテルはメトロ Crystal City 徒歩5分である。交通量の多い Jefferson Davis Hwy に近いためにうるさいのが難点であるが、これが気にならなければ、宿泊してもよい。地下鉄 Yellow でメトロ Archives まで行き、シャトルバスでアーカイブ II まで行ける。メトロ College Park U of Maryland 駅から C8 でアーカイブ II に行く手もある。地下鉄が乗り換えなしで行けるので、とてもよい。ちなみに南軍のリーダーであった人物の名前である Jefferson Davis は覚えておこう。テキサ

ス大学から彼の銅像がなくなった。150年前の南軍の英雄が今になって、人種差別主義者として糾弾され銅像が撤去されるのである。「歴史認識」とは恐ろしい怪物であることがよくわかる。当然白人は内心反発するだろうが、下手に銅像の撤去に反対すればレイシストという致命的なレッテルを貼られる。表立っては反論できない。このあたりの理解はアメリカ人と本音で話せるほど親しくならないとなかなかわからない。「歴史認識」はアジアだけではないことがよくわかる。難しい問題である。訪米前にネットで Black Lives Matter とか Blackface Scandal で検索をかけられたい。米国理解が深まる。米国の歴史は浅いが、人種問題は深く根が張っている。

　同ホテルから米国議会図書館に行くには L'Enfant Plaza 駅で乗り換えて Capital South 駅で下車すればよい。

　サービスであるが、コーヒーと熱湯は常時提供されている。電子レンジはホテルに1台しかない。無線ランは利用者が多いと速度が遅くなる。ビジネスセンターはなく、PC は備えられていない。朝食は6時からで、ドーナッツ、ベーゲル、シリアル、バナナ、リンゴ、オレンジ、牛乳、オレンジジュース、ココア、紅茶などまずまず。ホテルに午後6時ごろ戻ると、余ったドーナッツが置いてあることがある。ありがたい。牛乳やシリアルは午前6時から提供されるが、ドーナッツやベーゲルは5時ごろから食べることができる。Nation Airport の朝一番搭乗にあわせたサービスであろう。

　National Airport まで送迎のシャトルバスがある。30分間隔で運行されているが、昼間はホテルに電話をすれば、迎えに来てくれる。地下鉄まで5分なので、交通の便はいい。車の音だけが問題で、部屋を変えてもらえばいいだろう。それでも音が気になる方にはおすすめできない。

　1460 Jefferson Davis Hwy　Arlington, VA22202

　703-979-3772

　info@americanahotel.com

Pentagon City Mall まで 3 ブロック。モールの Food Court で食事をとることができる。Pentagon Center の方が近く、ここで食べてもよい。巨大な Mall を散策するとよい。Mall の Food Court で一度は食事を取られたい。歩く途中にも（周りにも）お店がある。Crystal City 駅周辺にもレストランや軽食のチェーンストアがある。女性にも安心して推奨できるホテルである。

　季節の良い夏場は料金が高いようである。また国際会議が重なった時には総じて料金が割高になる。冬場が狙い目のホテルである。Booking.com のサイトは他のサイトよりも安い宿泊料である。National Airport に近いので、利用者が多いと値段が跳ね上がる。そのようなときには 1 日、2 日単位で宿泊料金をチェックされたい。

DC の古本屋情報

Second Story Books

住所：2000 P St, NW（市内の Dupont Circle サークルの PSV の近く、本店）

www.secondstorybooks.com

research@secondstorybooks.com 202-659-8884 Open 10-10 Daily

船便・航空便での送料は翌日までに計算してくれる。

　Dupont Circle 店の他に、郊外にも大きな倉庫があり、そこでは朝から晩まで古書とにらめっこできる。アメリカ史、軍事史、理科系の本などありとあらゆるものが並んでいる。Twinbrook 駅からメトロバス（10、C4）を利用し、3 つ目ぐらいで下車（郊外のお店兼倉庫）する。C4 バスはメトロ Prince George's Plaza Station とメトロ Twinbrook Station を 1 時間ほどかけて結んでいる。倉庫の住所は 12160 Parklawn Driv Rockville, MD 20852 である。メトロバス C4 は平日、土曜日、日曜日も運行され、日曜日も 1 時間に 4 本も運行され、本数は多いのでアクセスはよい。Twinbrook

Station から歩いても 20 分ぐらいであるが、C4 か 10 番バスを利用したほうがいいだろう。Twinbrook 駅に戻ってもいいが、Wheaton 駅を経由して Prince George's Plaza 駅まで出てもよい。Parklawn Driv から 50 メートルほど入った奥まったところにあるので、わかりにくいかもしれない。目印はビルの上に書かれた EW Electrical Wholesalers Inc の大きな文字である。Google Map で位置を確認され、プリントアウトして行かれたい。電話：301-770-0477、朝 10 時から午後 8 時、9 時まで。アーカイブが閉館の日曜日は、ここで本三昧である。何と楽しからずや！

Books for America

住所：1417 22nd Street, NW Washington, D. C. 20037 202-835-2665
info@booksforamerica.org

DuPont Circle から P St. を下に下り、22nd と交差した左側 20 メートルには Books for America がある。安い値段で古書が手に入る。早い時間にお店を閉じるのが残念だ。高くても 6 〜 7 ドルで手に入る。

Government Printing Office（GPO）の Bookstore

710 N. Capitol St.（Union Station の近く）に向かう。午前 8 時から午後 4 時までオープン。ここでは政府の白書や外交文書 FRUS が手に入る。購入後、Union Station 近くの郵便局まで行き、箱とテープを買って、荷造りして、船便で日本に送る。

Capitol Hill Books

住所：657 C Street, SE Washington, D. C. 20003 7th と C St. の角に行けばすぐわかる。Eastern Market の市場の建物の駅側である。
電話　202-544-1621

Email：CHbooksDC1@juno.com

Metro Eastern Market から 7th を歩けばよい。マーケットが開かれている方向に歩けばよい。土曜日と日曜日には店が並んでいるので、マーケットもついでに見学すると楽しい。軍事史、米国史、ヨーロッパ史、経済学、社会学、音楽など様々な分野の本が並んでいる。10 ドルから 15 ドルという価格が多い。

http://www.capitolhillbooks-dc.com/　http://www.abebooks.com/

from 11：30 am to 6：00 pm on weekdays and from 9：00 am to 6：00 pm on weekends.（We are closed on July 4th, Thanksgiving, Christmas, and New Years Day）

AMTRAK の予約の仕方

AMTRAK の予約であるが、下記のホームページから可能である。カードが必要である。日本の住所で申し込みができるので、試みられたい。丁寧な説明もあるので、クリックすれば、懇切な説明がある。日本の住所を使う場合、Type の選択肢の中から International を選ぶところが少しややこしい。ここで立ち往生しなければ簡単。メールに予約番号が送付され、その番号を控え、駅で切符に切り替えればよい。プリンターがあれば、プリントアウトして持参すればもっと簡単。メールアドレスの誤記入などに備えて、メールアドレスは2個まで記載できる。海外なので2アドレス登録しておくのが無難。予約番号を必ず控えること。カウンターで切符に切り替えること。

http://tickets.amtrak.com/itd/amtrak

Gate 番号と列車番号の二本立てなので、これをしっかりおさえればいい。長い列ができているので、列を間違えないこと。DC-NY は背広の乗

客が多く、バスの客室と全く違う。それは弱者にもプラスになっているという現実を知らなければならない。若い学生はバスとアムトラックでDCとNYを往復してもらいたいものだ。ネット予約でアムトラックも乗りまわせる。長距離バスもネットで予約するのがいいと思う。

7 National Archives at San Francisco （米国国立公文書館サンフランシスコ分館）

　サンフランシスコ国際空港（SFO）の近くでアクセスは抜群によい。こことスタンフォード大学フーバーアーカイブを組み合わせて研究・調査を企画すると、幅が広がるであろう。

　Bart の San Bruno 駅を下車して Tanforan Mall の中を突き抜けて（モールが開いていない時は Sneath Ln. 通りの方に向かい、モールの駐車場の中を歩く）、駐車場の出入口の EL Camino real と Commodore Dr. の交差点を渡り直進すると、高級マンションアパート群を左に見ながら、ぶつかったところが国立公文書館サンフランシスコ分館である。建物に沿って、左に200メートル歩き右に折れ100メートル進めば入口である。初めて行く場合はわかりづらいので、Google Map をプリントアウトして行くこと。

　住所：1000 Commodore Dr. San Bruno, CA 94066-2350

　Telephone：650-238-3501

　Fax：650-238-3510

　E-mail：sanbruno.archives@nara.gov

　下記のホームページで様々な情報を入手できる。交通アクセスなどを確認されたい。

　http://www.archives.gov/pacific/san-francisco/

　SanTrans のバスで行く場合には、Tanforan Mall の駐車場の出入口を目

標にすればよい。SFO 方面から 391 番バスは Bart の San Bruno 駅まで入っていくが、390 番は EL 通りで下車しなければならない。Tanforan Mall が見えたら（通り過ぎたら）バスを降りればよい。2 ドル。ラッシュアワーは本数が多いが、そうでないと 1 時間に 2 本。43 番バスは乗り場が違うので、ホームページで確認されたい。390 と 391 番バスの乗り場であるが、ガソリンスタンドがあるので、そこから乗ればよい。ガソリンスタンドに売店が隣接しているので、時間待ちが長い時にはそこで時間をつぶせばよい。

SanTrans のバスの時刻表は下記のホームページからダウンロードできる。http://www.samtrans.com/

閲覧室に入る前にルールの概説を読み、簡単な説明を受ける。ロッカーにカバンを入れ、パソコンとデジカメを持って閲覧室（Reading Room）に入る。閲覧室は 8 時～ 4 時（水曜日は 5 時半）となっているが、7 時半から入れるようだ。

ルールはほとんどワシントン DC の米国国立公文書館 II と同じだが、スタッフの正面になるように座らなければならない。向かい合うことになる。箱は縦に置き、受付のスタッフがチェックできるように置くルール。面白いローカルルールだ。

太平洋方面の米海軍各基地の資料である RG181 の finding aids は複数ある。ただあまりよくない。E#38 だけが充実している。他はダメ。アーキビストに相談しながら作業を進めること。他に例えば日系人移民の資料もあるようだ。

コピーは現金かカード。コピー枚数はコピー機がカウントすることになっているので、スタッフにコピーする旨伝えること。最後の日に纏めて決済することができる。Confidential な機密種類に関しては、解除のステッカーを張ってコピーするが、ワシントン DC の国立公文書館 II とは異なり日付やスタッフのサインは不要である。ミスコピーは料金から差し引いて

くれる。スタッフは親切。スキャナーで資料を取る場合は、USB を持参する必要がある。スキャナーは閲覧室に備え付けられている。この場合は無料。おそらく将来電子化して公開するために無料にしているのだろう。ビデオカメラが回っている。

　Budget Cut の影響でスタッフが減り、5 日から 10 日前にどのような資料を閲覧したいか、事前にメールで確認しておいたほうがいいようだ。アポをメールで取っておいたほうがいい。学生が下記のような連絡を受けているので、ご参考までコピーを掲載する。資料の申し込みを行い、当日の閲覧が不可の場合、スタンフォード大学のフーバーアーカイブに移動すればよい。

Thank you for contacting the National Archives at San Francisco with your inquiry.

Requests made to the National Archives at San Francisco for original documents are processed on a first come, first served basis. Due to the volume of requests we receive, we are unable to process requests on a walk-in basis, and researchers must submit a request for documents and make an appointment to access them. Please expect your appointment to be made five to ten business days following receipt of your completed request. Also, please be sure that you have received notification confirming your appointment before scheduling a travel date. Access to microfilm and genealogical research on public computers does not require an appointment.

Best regards,

National Archives at San Francisco

食事

Tanforan の1階の Food Court がよい。Bart の San Bruno 駅側である。Sneath Ln. 通りに面し、こちら側にもモールがあり、飲食店が並んでいる。EL Camino real 道路に沿って、アジア系の食堂がたくさんある。韓国料理、ベトナム料理は脂っこくなくてよい。

ホテル

SFO 空港の近くなので、EL Camino real 道路に沿ってチェーンホテルがたくさんある。2011 年1月に Howard Johnson Express Inn San Bruno に泊ったが、よかった。歩くには遠いので、バスを利用する。歩くと 40 分ほど。周りにレストランもある。コインランドリーも近くにある。バス停（390 番、391 番、43 番）はすぐそばである。SFO 空港からの送迎も無料（国際線なのか、国内線なのか伝えること）。Expedia 等の宿泊ホテルサイトのレーティングはホテル選択の際の有力な情報である。特に冬場は時折格安なオファーが突然出るので、ネットで日々チェックするとよい。いつも値段が安く、レーティングが低いホテルはうるさいとかお風呂のタブがないとか、清掃がなされていないとか、道路に面して騒音で眠れないとか、実際に宿泊した方でないとわからない情報が満載されている。若い学生はボロボロのホテルに泊るのも勉強なので、親切なアメリカのホテルとサービスの精神のかけらもないアメリカのボロホテルの対照的な2つを経験するのもいいだろう。

http://www.archives.gov/news/federal-holidays.html

8 Hoover Institution Library and Archives, Stanford University（スタンフォード大学フーバーアーカイブ）

東欧・ロシアの資料のコレクションが充実している。張公権文書はおもしろい。日本関係も S. K. Hornbeck 文書、日系人関係文書はじめいろいろコレクションがある。8：15AM ～ 4：45PM

パソコンに登録データを入力して、パスポートを身分証明書として見せればよい。半年有効の利用カードを発刊してくれる。平成 31（2019）年 1 月現在、工事中で閲覧できない。ホームページで訪問前にリニューアルオープンを確認されたい。

蒋介石日記の利用の仕方

An Inventory of the Chiang Kai-Shek Diaries 76 箱。この 76 箱は閲覧室のデスクの後方のカートに配架されている。それだけ利用する研究者が多いのだろう。2011 年 8 月に訪問した時には台湾の研究者が 5 名くらいおられた。使用同意書にサインする。閲覧するときには、デジタルカメラとパソコンをロッカーに一旦戻さなければならない。手書きでメモは可。きれいな字で書かれているので、読める。例えば「1941 年 11 月」は 1 つのフォルダーになっている。Box42 の中にある。フォルダー単位で貸し出しているようだ。蒋介石日記は活字として公刊されているので、スタンフォード大学まで行き、閲覧しなくてもいいのだろう。

インターネットのホームページ Hoover Institution Library and Archives から Hoover Institution Archives finding aids で資料リストにアクセス可能。この finding aids で詳細に検索できる文書もあるが、リストに掲載されていない文書もある。S. K. Hornbeck 文書は詳細な目録がある。カリフォルニア州の図書館が連合を組んで、コレクション資料名があり、一部に

は詳細な目録が公開されている。フーバー研究所アーカイブでは国別にどのようなコレクションがあるか記した目録が無料で入手できる。インターネットで OnLine Archive of California もご覧あれ。

Hoover Institution Archives での閲覧室には 2 台検索用の PC がある。

Internet Explorer をダブルクリックし、Favorites（お気に入り）の中から OAC Hoover Institution をクリックする。Papers（文書名）がアルファベット順で並んでいるので、スクロールし、クリックするだけ。プリントアウトしたチェックリストもあるので、そちらをみたほうがいいと 2011年 1 月に訪問した時には下記のアドレスにアクセスするように掲示されていた。

http://www.oac.cdlib.org/institutions/Hoover+Institution

http://www.hoover.org/library-and-archives

交通

電車の BART で Millbrae 駅（昼間は San Bruno 駅で Bart を乗り換えて Millbrae 駅に行く必要がある）。SFO International Terminal/Bart 乗り場まで行けばなんとかなる（国内線の場合、各 Terminal から Air Train に乗り、International Terminal へ）。同駅から Caltrain で Palo Alto 駅へ。Caltrain は快速が導入されたようで、ときどき駅をとばすので、時刻表で確認すること。切符を買わないで乗車すると大変面倒なことになるので、必ず切符を買ってから乗車すること。

切符の買い方であるが、①One-Way ②Zone（目的地の駅のあるゾーン、Palo Alto だと Zone3 になる。米国国立公文書館のある San Bruno 駅は Zone 1 になる）③人数を打ち込んでから、表示金額を確認し、ドル札を払い込む。カードでも支払える。

Millbrae 駅で Caltrain 電車待ちがあるときには、Peter's Café で食事を取るとよい。台湾人の経営する店。朝 6 時から 11 時まで。ここで時間をつ

ぶせばよい。分量が多いので食べ過ぎないように。

　Palo Alto 駅到着後 Hoover Tower を目標に、同駅南側（San Jose 方面）のバス停から大学巡回シャトルバス Marguerite Line Y に乗り込むか、Marguerite Line P がよい（北側は市バスターミナル）。Marguerite Line の路線図（www.transportation.Stanford.edu）は S 大学のインターネットからアクセスできる。カラーコピーをプリントアウトして持参すること。15 分間隔で本数も多い（2006 年 8 月に訪問時、Palo Alto 駅は無人となっていた。2010 年 1 月訪問時にはコーヒーショップができていた）。Hoover Tower の近くのアーカイブに行くには、Line Y で行くか、Line P で行くのがよい。夕方 5 時から 7 時までの間はサンフランシスコ行きの本数も多い。

　帰りは Marguerite Line X がはやい。Hoover Tower からみると、Marguerite Line X は、道を渡って右に 100 メートルほど歩いたバス停から乗車する。午後 5 時前後には本数が多い。

　Hoover Tower に向かって左に 2 つのビルがあるが、わかりづらいが、奥にある Harbert Hoover Memorial Bldg に入り、downstairs に降りると左右に休憩室があり、突き抜けて左をみれば、入口がある。初めていく場合には戸惑うと思う。

　SamTrans390 番バスは Caltarain の各駅（Millbrae と Palo Alto の間）と BART（Daly City と Millbrae）の各駅を結んでいる。日曜日にサンフランシスコ国際空港 SFO に行く際には、Caltrain が午前 7 時ごろはまだ動いていないので、SamTrans390 番バスの時刻は確認しておく必要がある。始発駅 Palo Alto（午前 6：46、7：16）駅を出て、BART 駅のある、Millbrae 駅に 1 時間かけて到着する。2 ドルである。

　SFO 空港から SamTrans KX 番バスで Palo Alto 駅まで行けるが、大きな荷物が持ち込めない。1 時間に 1 本運行されている。

　アメリカでは土曜日、日曜日は交通機関が早朝は動かないので、できる

だけ初心者は平日に帰りの日を設定したほうがいい。また Caltrain の本数
が少ない。Weekend の時間帯には、30 分に 1 本の割合で走っている Sam-
Trans390 番バスはスタンフォード大学に行く場合には有力な交通手段であ
る。SFO 空港とホテルの送迎サービスをしているチェーンホテルがたくさ
んある。空港まで行き、Hotel Courtesy Shuttle 乗り場まで行き、ホテル
に電話をすれば来てくれる。ホテルがバス運行会社に乗客の送り迎えを外
注しているので、ターミナルの番号を伝えること。すぐに迎えに来てくれ
る。一番簡単なのは国際線乗り場から乗るのがよい。

www.samtrans.com で時刻表をプリントアウトして持参していくべきだ
ろう。2011 年 8 月に初めて Supper Shuttle のサービスを利用した。Palo
Alto 近辺でも利用できる。相乗りタクシーのスーパーシャトルも荷物の多
いときには利用するとよいだろう。http://www.supershuttle.com

レンタカーなら、日本語のホームページ www.supercheapcarrental.com
へ。

コピー

1 枚、15 セント。コピー枚数が 2011 年 4 月から取り放題になった。効率
がものすごく良くなった。一度に 10 Boxes 請求でき、1 箱だけテーブルに
置ける。1 box だけでも返却でき、1 box でも請求できる。コピー機は 1 台
しかない。デジカメの撮影が 2010 年 1 月 7 日は許可されていた。三脚も持
ち込み可とのこと。コピー機が 1 台しかなかったので、デジカメの解禁は
ありがたい。

食事

学内で一番近いのは Graduate School of Business の地下にある Ca-
fe-Bon-Appetite で、朝飯・昼飯にありつける。7：30AM から 2：00PM
まで開いていて、Lunch は 11：00 から 2：00 まで。またここは 24 時間オ

ープンで勉強は好きなだけできる。

　裏手の Meyer Library の正面右手にも Coupa Cafe がある。教育学部の建物の地下1階 Level B にも、簡単な食べ物を売っている。職員レストランもあるが、スタッフの知人がいないと利用は難しい。

　Palo Alto 駅周辺の University Ave に沿ってレストランがある。ピザ屋 Pizza My Hart は本などを読んだり、手紙を書いたりできるありがたいピザ屋だ。値段も安くお薦めのピザ屋だ。この通りには学生と教職員が利用するレストランがたくさん並んでいる。寿司屋も2軒あり、韓国料理も1軒ある。スターバックスコーヒーは朝5時から営業しているが、時差でどうしても早く目がさめるのでありがたい。ワイヤレスでインターネットも利用できるのは助かる。

　EL CAMINO REAL Road を少し南に歩くが Town & Country には小売店が200軒ほどある。おいしい韓国料理が食べられる。日本の文房具を売っている店もある。Town & Country へ行くには Marguerite Y に乗り、EL CAMINO REAL Road に出たところで降りればよい。目の前が Town & Country である。フーバーアーカイブで仕事を終えてから、ここで食事をしては如何であろうか。Palo Alto 駅周辺でもよい。

ホテル

　インターネットでアクセスされたい。EL Camino Real 道路（VTA バス22番）に沿ってホテルは林立している。VTA バス22（時刻表は VTA Website www.vta.org）は本数も多く、深夜も運行されており、便利である。Rapid 522 は快速バスで便利である。

　Cardinal Hotel（推奨）は Palo Alto 駅徒歩3分で中級ホテルである。家族連れでも安心して宿泊できる。シングルでも2人で泊まっても同じ値段。学生には料金が少し高いので、このホテルには1泊だけにして、EL Camino Real 道路に沿った格安ホテルを探すのがいい。

235 Hamilton Avenue, Palo Alto, California 94301

電話：650-323-5101

FAX：650-325-6086

mail@cardinalhotel.com

www.cardinalhotel.com

古本屋情報

Bell' Books　536 Emerson St. Palo Alto, CA 94301

www.BELLSBOOKS.COM 9：30 ～ 5：30（Fri. 5：30 ～ 9：00）

　親切なおばさんが経営するお店。日本にも送ってくれる。その場合 Tax なし。おじさんも親切だ。ローズベルト大統領のファンだ。

9　Franklin D. Roosevelt Library （F.D. ローズベルト大統領図書館）

ワシントン DC から New York 州の郊外の Hyde Park への交通手段

　アムトラックでニューヨークの Penn Station まで行き、地下鉄 1、2、3 乗り場に歩いて向かう。着いたら、メトロカードを買うのだが、奥の売り場のほうが人数が少ないので、そこで MetroCard を購入する。手前の売り場は混んでいて列が長い。10 ドルで買う「FAST」が簡単であるが 20 ドル札を入れるとお釣が出ないので、YES か NO で返事をし、YES を押すと 19 ドル入金される。1 ドルはカード代金。NO を押すと最初からやり直しになる。10 ドル分用意して、「FAST」を買うのがいい。ホームに行くにはカードをスラッシュすると入れる。地下鉄 1 番ホームでも 2 番ホームでも 3 番ホームでもどこでもよいが、上を眺めて人が多そうなホームに行き、北行き（UPTOWN）に乗り込み、Times Square-42 St で下車して、地下鉄 S（Shuttle to Grand Central）に乗車して、Grand Central 駅に行き、

68

そこから改札を出て Grand Central Term Metro North 方面の掲示に従い
歩けばよい。直進すると右側に Information があるので、そこで切符売り
場を尋ねてもいいが、Information の近くに MTA METRO-NORTH
TICKETS という表示があるので、そこに行き、Hudson Line の終点
Poughkeepsie（プーケプシイと発音するがケプシーとも聞こえる）までの
切符を購入する。Off Peak で 18.5 ドルである（2018 年 9 月）。2 時間ほど
かかる。Penn-Station から AMTRAK で Poughkeepsie まで 1 時間半で行
く手もあるが、本数が少ない。Poughkeepsie からはタクシーしかないが、
駅を出たところにタクシーが待っている。Hyde Park まで 15 ドル。

閲覧まで

　Visitor Center に入り、左に少し入り右に出る。150 メートル先の建物が
FDR 図書館・博物館である。Franklin D. Roosevelt Library and Museum
の入口で Research Identification を見せ、首ひもの付いたパスを受け取り、
右手の扉を開け、階段で 3 階まで上がる。（はじめて訪問するときには警備
員に研究にきた旨伝えれば、スタッフを入口で待ち、エスコートを受け、3
階まで上がる。1 年間有効の Research Identification を手書きで作成する
（2018 年 9 月に 20 年ぶりに訪問した際には、パスポートと米国立公文書館
の入館証を提示した。首ひもの代わりに、Resercher と書かれた一時的な
入館証を渡される。それを着けて、階段を上がれば、Reserch Room であ
る）。閲覧室に入と申請書に必要事項を記入して、ロッカーの鍵を渡される
ので、カバンをロッカーに入れる。開館時間は 8：45AM ～ 5：00PM。
https://fdrlibrary.org/ja
　インターネットで同図書館にアクセスすれば所蔵資料の一覧が可能であ
る。例えば、財務長官モーゲンソーの日記（資料も添付）のカード目録は
詳細で有用（わざわざアメリカに行かなくとも国内でマイクロフィルムが
閲覧可能であるが、カード目録は日本にはない）。1996 年に S. ウェールズ

国務次官の個人文書が公開された。FDR の閣僚のマイクロフィルムも充実している。https://fdrlibrary.org/research-visit

　ネットで公開されていない個人文書もあるが、主要な資料群は電子化されている。

　書籍などの 2 次文献は閲覧室に備えられている。

電子化された資料

　ここまで電子化するのかと思うのがモーゲンソー日記（Morgenthau Diary）である。日付で並んでいるが、その日に関連する書類が添付されている。1 日あたりのモーゲンソー日記のすごい情報量には圧倒される。他の資料とリンクさせて、同日の関連資料を閲覧できるようにしているのであろう。

　モーゲンソー日記だけで十二分に堪能できる。多くのコレクションが電子化されているので、日本でも読むことができる。資料の電子化の「金字塔」であろう。「ここまでやるのか」という凄さを確かめられたい。イデオロギー化しない日独との戦争の資料が多いローズベルト大統領図書館と、ベトナム戦争や公民権運動の資料が多い、ジョンソン大統領図書館とでは資料の公開状況に差が出るのは当然である。

　PSF の資料群も国別で纏められているので、有用である。これもほとんど電子化され、ネット公開されている。FDR 大統領図書館で現物を手にとって読むこともできる。所蔵資料が FRUS（米外交文書）や PHI（パールハーバー査問）に採録されたことも示されている。

　http://www.fdrlibrary.marist.edu/archives/collections/franklin/

コピー

　コピーはカードを受け取り、コピー枚数がカウントされ、退出時もしくは最終日に決済する。領収書は出してもらえる。コピー番号の書かれたホ

ルダーにコピーを貯めていく。コピーする前に1Boxごとにチェックを受けるが、1つのホルダーをコピーしたあとで、また次のホルダーを取り出す。閲覧するときもホルダーは1つだけ卓上に取りだして見ること。マイクロとPSF（President Secretary File）はコピー前のチェックは不要。

　2018年9月訪問時にはコピーも可能であったが、すでにネット公開されているので、飛行機の機内で読みたいものだけコピーすればいい。デジタルカメラで撮影すればよいが、ネットで閲覧できる。それでも重要なものはデジタルカメラで撮影すべきである。ラップトップ（ノートPC）も持ち込める。

ホテル

★ Quality Inn Hyde Park

　4142 Albany Post Road, Hyde Park, NY12538

　隣のガソリンスタンドのFood Martで飲み物やカップラーメン、パン、ビールが手に入る。2018年9月にはこのホテルに宿泊した。朝食でワッフルを食べることができる。徒歩10分ほど。ExpediaとかBooking.comで予約ができる。学生には少し値段が高いかもしれないので、下記のホテルにFAXで申し込まれたい（FAX番号とメールアドレスを書いておくこと）。電話でも大丈夫。

★ The Golden Manor Motel（徒歩圏で5分）

　RT.9 Hyde Park NY 12538

　電話：845-229-2157　FAX：845-229-6127

　Franklin D. Roosevelt Libraryに最も近くて価格も手ごろなのが、The Golden Manor Motelである。小さなキッチン付。韓国人女性が経営者で親切。値段はFAX：845-229-6127まで問い合わせられたいとの話。2018年9月にお伺いした値段は65ドルから75ドルとのこと。電話で人数など

を伝えてほしいとのことであった。FAX で申し込めばいいだろう。

　Poughkeepsie の方向に 10 分ほど歩けば、左手にスーパーマーケットがある。ここで食材を仕入れてキッチンで料理すればよい。

★ **The Village Square**（徒歩圏で 12 分）
　4156 Albany Post Road（Rte.9），Hyde Park, NY 12538
　電話：845-229-7141　FAX：845-229-7142
　このホテルは大雪の日には早く閉めるので、それだけ注意。イタリア系アメリカ人の経営で、隣のレストラン Coppoler's も同じ経営者。2018 年 9 月に訪問して値段を聞いた。Weekly Rate は現在ない。下記の料金は One Bed Room で、FAX で申し込むのがよい。日曜日から木曜日までは、税込みで 61.67 ドル、木曜日から土曜日までが税込みで 78.49 ドル。

食事
　Franklin D. Roosevelt Library and Museum の（昔の）入口（2018 年には閉鎖されているが通り抜けられる）に Hyde Park Brewing Company があり、昼飯と晩飯は大丈夫。隣の建物の門 Visitor Center に Café があり、簡単な食事ができる。近くにお土産のお店があり、Roosevelt 関係の本も販売されている。

10　Archives of Notre Dame University
　（ノートルダム大学アーカイブ）

　シカゴからノートルダム大学までの行き方（記録が古いので、ノートルダム大学のホームページで最新情報を入手されたい）
　市内から South Shore Line で South Bent Airport 駅まで行く手がある。Millennium 駅の Metra の奥のホームから出発する。Metra とはホームが

違うので、必ず確認すること。切符は車内で車掌から買う。10 ドルと割安。本数が少ないので、時刻表をネットで確認しておくこと。South Bent Airport からノートルダム大学周辺のホテルまではタクシーで行くのがよい。15 ドルほど。1 ドルのバスを乗り継ぐ手もあるが、日曜日は運行されていなかった。バスからバスへの Transfer を受け取ること。高速バスは South Bent Airport を経由してノートルダム大学正門まで行くが、タクシーを拾うのが難しいので、荷物の多い時には South Bent Airport で降りてタクシーで宿舎まで行くのが無難。この辺りのタクシーはメーターを回さないが、良心的であった。http://www.nictd.com/

　もう一つの行き方はオヘア国際空港のバスの乗り場（BUS/Shuttle Center）の Door 4 から高速バス South Bent Airport 経由 Notre Dame 行きがある。2 時間に 1 本。コーン畑のドライブは面白い。車内で青と黄色の乗車券をくれる。途中のオヘア国際空港とミッドウェー空港への乗り換えポイントで休憩があり、青の乗車券は回収される。休憩のときにコーヒーが飲めるが、飲む人は少なかった。

　http://www.coachusa.com/ で Chicago O'Hare 空港と Notre Dame で時刻を検索されたい。高速バスはノートルダム大学の正門 MAIN GATE を入ったところでとまる。

　http://www.nd.edu/visitors/campus-map/pdfs/campus-map.pdf

　構内をバスが走っており、Route 7（Notre Dame/University Park Mall）は図書館 Hesburgh Library と Main Entrance、South Street Station を結んでいる（図書館から 7 番バスで正門まで行く。トランスファーはバスに乗るときにくれる。Notre Dame Ave. に入ってから下車すればよい。そこから正門まで歩く。案外遠い。30 分に 1 本運行されている）。South Street Station 駅がバスターミナル（空港のハブに似た機能）の役割を果たしている。Route 4 のバスで South Bend Regional airport（South Shore Station でもある）に行くことができる。1 ドルで乗り換えは無料。www.sbtranspo.com（574）233-2131

　TRANSPO の時刻表は以下の通り。Route 7 と Route 4（Lincolnway West/Airport）のバスを乗り継げば South Bent の駅まで 1 ドルで行ける。Route 4 から Route 7 への乗り継ぎは便がいいが、反対は時間待ちが長い。Route 7 は下記の案内を見ること。

　http://slmp-550-119.slc.westdc.net/~sbtrcom/images/uploads/pdfs/7.pdf

　The Sweep という巡回バスが 40 分間隔で運行されているが、夏季休暇中は運行されていない。このバスが運行されていれば、ホテルの選択肢も広がる。

　Hesburgh Library の中に Archives of Notre Dame University がある。ここに郵政長官であり、ローズベルト大統領の選挙参謀であった Frank C. Walker Papers が所蔵されている。日本関係は事前にこれまでのものをチェックしていけば、2 日あれば十分閲覧できる。公刊されていない回想録および関連文書が面白かった。1 枚 25 セントで学生がコピーしてくれる。早めに申し込んだほうがいい。1992 年に目録 "The Frank C. Walker Papers" が刊行された。インターネットで詳細な目録が公開されているので、それをコピーして持参するとよい。

　ノートルダム大学の地図を入手するとよい。地図がないと巨大なキャンパスの中で何が何だかわからなくなる。LaFortune Student Center には Subway、Starbucks、Burger King、Sbarro、a mini-mart などのファーストフードが入っている。また売店もあり飲み物、軽食、文具などを購入できる。売店で地図をもらうこと。

　下記の宿舎が大学から歩ける距離である。ここで予約するのがいいのだが、人が常駐しているわけではない。

Sacred Heart Parish Center

　http://sacredheartparish.nd.edu/sacred-heart-parish-center/

Fax574-631-9687

鍵が置いてあるだけなので、何時頃到着するかメールで連絡を入れておくこと。袋の中に鍵が入っている。また入室するときの暗証番号の書かれた紙がある。申込時に研究で訪問することを伝える必要がある。

Ivy Court

http://www.dorahotels.com/ivycourt/IvyCourt.htm

Morris Inn

http://morrisinn.nd.edu/

上のホテルは、値段が高いが、高速バス乗り場に近いので、アクセスはよい。最初の1日は予約を入れ泊ってもよい。特に日曜日に高速バスでNotre Dame 大学に到着するときには推奨する。

シカゴのユースホステル HI-Chicago Hostel

交通の便のいいところに立地。駅は複数利用可能。

カード式のカギを受け取り、入る。建物、エレベーター、ルームに入るときにカードキーをスラッシュしないといけない。セキュリティーがしっかりしている。

8人部屋にはシャワーとトイレがついている。10人部屋は共用のシャワー室を使うのだろう。ベッドにはランプがある。とてもきれいだ。トイレのシャワーを利用してもよい。2階には卓球台、ビリヤード、ソファーなどがある。キッチンも大きい。台所はガスでなくて、電気だ。台所に入るところにコーヒーが用意されている。また紅茶も置いてある。PC ルームもあるので、ネットができる。HI-Chicago Hostel は食堂・台所も大きなスペースだ。電子レンジ、コップ、皿、トースター、透明なガラスの冷蔵庫、鍋、フライパン。地下鉄へのアクセスもよく、500 ものベッドもある。

個室はない。家族連れが利用しているが、本当にきれいなユースだ。朝食もまずまず。7時から朝食。各種パンとシリアル。ミルクとオレンジジュース。7時15分過ぎから人が集まり始める。子供連れが多い。記録が古いので、事前にネットでよく調べられたい。

HI-Chicago, USA
24 East Congress Parkway
Chicago IL 60605
Phone：1-312-360 0300
Fax：1-312-360 0313
E-mail：Chicago@hiusa.org

11　The Dolph Briscoe Center for American History（テキサス大学 Austin 校アメリカ史研究センター）

Austin 空港から市内へ

　100番バスでダウンタウンに入るか、350番バスを利用するのが安上がり。100番バスが市内中心部に行くのにはよい。350番バスは Highland で7番バスに乗り換える。空港の端の4番ゲートが100番バスと350番バスの降車乗車の場所である。100番バスは1.75ドルで350番バスは1.25ドルであるが、24時間乗り放題である1 Day Pass（1日券）であるが、100番に乗る場合は3.5ドルで、350番バスであれば2.5ドルである。24時間有効なので、車内で乗り込む際に1 Day Pass を買うのがよい。私はこの24時間という時間を最大限有効に利用して、バスで移動した。Bus to Bus は無料。100番バスは30分に1本の間隔である。平日の始発が5：30で次が6：00というように30分間隔である。350番バスもほぼ30分間隔である。100番バスはテキサス大学 Austin 校のアメフトスタジアム STD の23rd St. まで行く。ここで下車して、正面を見れば、ジョンソン大統領図書館

I　アメリカのアーカイブ

LBJ と Briscoe Center がある SRH ビルが目に入ってくる。ここで 7 番バスに接続もできる。

　お釣りが出ないので、Austin 空港の手荷物受け取り場近くの、エレベーターの裏側下に両替機があるので 1 ドル札と 25 セント硬貨を用意しておくこと。テキサスの人は親切で、オーストラリアに来たような印象を受ける。

　相乗りタクシーの Supper Shuttle も手荷物受け取りと同じ階にある。荷物が多い場合には相乗りタクシーを使うのもよい。

　テキサス・オースティンは交通費が安く、バス路線も充実している。インフォメーションでバスの路線図を入手するとよい。ネットを眺め、プリントアウトしていくこと。

http://www.capmetro.org/uploadedfiles/Capmetroorg/Schedules_and_
Maps/System_Map.pdf

市内の交通

　Commuter である Metro Rail の The Red Line もあるが、1 時間に 1 本しかなく（ラッシュ時にも 30 分に 1 本）で料金も 3.5 ドルで Day Pass が 7 ドルである。私は利用しなかったが、7 ドルの Day Pass があれば、バスも乗れる。

　7 番バス、快速 801 番バス、快速 803 番バスの 3 路線のバスは 15 分に 1 本と本数が多いので、この路線のバス停近くのホテルを探すとよいだろう。300 番バスも本数は多い。

Austin 空港

　ヒューストン国際空港から飛行機で 1 時間ほど。本数は多い。ANA がヒューストン国際空港まで直行便を運行しているヒューストンまで行き、それから United に乗り継ぐのが安上がりで早い。アメリカン航空のハブは Dallas 国際空港であるので、アメリカン航空でダレスまで行き、Austin

まで行くことも可能。ワシントンDCのダレス国際空港行きは United が運行している。ワシントン市内の National Airport 行きは South West 航空が運行している。

EXXONMOBIL の資料（The Dolph Briscoe Center for American History）

The Briscoe Center はテキサス大学の構内のアメフトスタジアムの近くである。LBJ（ジョンソン）大統領図書館の正面右側の細長いビル SRH（Sir Richardson Hall）の真ん中辺りが Briscoe（ブリスコセンター）である。最後の文字「e」は発音しない。ビルの中央部分が空いていて、歩いて突き抜けることができる。住所は 2313 Red River Street, Austin, Texas 78705 である。ホームページは下記の通り。

https://www.cah.utexas.edu/research/visit.php

平日は午前10時から午後5時までで、土曜日は9時から2時まで開館している。ロッカーはカギで開け閉めする。カバンなどはロッカーに入れる。鉛筆、デジタルカメラ、パソコンは持ち込める。

3 Boxes まで請求でき（請求番号は一枚一枚書く必要がある）、机の上には1 Box しか置けない。カウンターで資料を請求するが、1箱返却して、1箱受け取るというやり方。鉛筆だけ持ち込める。入館証は発刊されない。その代わりにコンピューターに個人データが記録される。パソコンとデジカメは OK。事前に口頭で申告すればよく、申請書などを書く必要はない。ID としてはパスポートがよい。パスポート番号を控え、名前と照合する。ルールを読み、申請書を書く。黄色の BOX REQUEST に請求記号を書き、サインして閲覧室のカウンターに提出。

ATTWIFI が24時間で3.99ドル。ジョンソン大統領図書館は無線ランが無料なので、ここで3.99ドル払うのは、急用の連絡を待つときだけだろう。トイレは入館したカウンターの後ろの廊下を歩いて右に曲がり、右側

にある。

　チェックリストは、閲覧室に入るところのキャビネット Collection Inventories/ Reference Cabinets の中にある。写真集もある。目録がアルファベット順に並んでいる。数学史やテキサス州の地域資料が充実している。ExxonMobil の資料は下記のチェックリストがある。写真集のチェックリストは EXXONMOBIL HISTORICAL COLLECTION PHOTOGRAPHS 1873-1999。エクソンモービルの目録は EXXONMOBIL HISTORICAL COLLECTION, 1790-2004, bulk 1880S-1990S である。インターネットでもアクセスできる。スタンダード石油の社史で使われた資料はほぼすべてみることができる。私は The Lamp という雑誌がとても面白かった。時間がなくデジカメ撮影できなかったが、米国議会図書館にあったので、助かった。この雑誌は日本には所蔵されていない。スタンダード石油、モービル石油のグローバルな展開力のすごさに脱帽するしかない。

　テキサス州のオースティン市は連日 30 度を超えるが、館内は冷房が効きすぎており、上着がいる。長袖のほうが無難。2015 年 9 月に訪問したが、例年より涼しいということであった。それでも外は暑かったが、空気が乾燥しているので、蒸し暑さはない。

Austin から Dallas、Austin から Houston への長距離バス

　Austin とヒューストンのバスを調べる。バスでは、Austin → Dallas は 3 時間〜 4 時間で $40 くらい、1 日に 10 〜 20 本と本数が多い。Austin → ヒューストンは 3 時間〜 3 時間 30 分でやはり $ 40 くらい、1 日に 5 本（7：55AM、12：01PM、1：15PM、5：25PM、8：00PM）と本数が少ない。早めにネットで予約して、E-Ticket をプリントアウトしていくこと。Austin ではバスに乗り込むときに E-Ticket を渡す。Houston ではバス乗り場の待合室に入るときに E-Ticket を提示する必要がある。手荷物は Service Counter で、タグをつけてもらう必要がある。2 個目の luggage は

15 ドル支払うことになっているので、バスの車内に持ち込むのが経費節約になる。40 分ほど前に荷物のタグをもらうのが、安心。慣れれば 30 分でもいいだろうが、初めて Greyhound bus を利用するときには早め早めに行うのがいい。英語は早口でまったく聞き取れない。

http://www.greyhound.com/home/

https://www.greyhound.com/

Address

AUSTIN GREYHOUND STA

916 E KOENIG LN　Austin, TX 78751

コーニン ラインと発音する。E と G が黙字（Silent）である。この発音はむつかしい。市内からは 7 番バス、10 番バス、350 番バスで Airport Bl. と Koenig Ln. の交差点を越えたところで下車して、グレイハウンドまで歩く。Highland Mall まで行かずに下車すること。5 分ほど歩く。Houston 市内のバス乗り場はダウンタウンから徒歩圏内なので、ネットでアクセスを調べられたい。バスの中にはトイレが最後尾にある。ネットはつながりにくいので、期待しないこと。景色は牛や馬が放牧されており、案外楽しい。

Perry-Castaneda Library

UT の大学図書館（Perry-Castaneda Library、East 21 St. Street）は登録すれば（パスポートが必要）、1 時間無料のパスワードを作成してくれる。私はバッテリーに不具合が生じ、ネットでメールがチェックできず困ったが、UT 大学図書館（PCL）のデスクトップパソコンでその場をしのぐことができた。日本語は書けないが、読むことはできる。UT 部外者は朝 8 時から利用できる。PCL 図書館に自由に入ることができる。スタッフが親切なので、どのように手続きをすればいいのか尋ね、従いながら画面に入

力すればよい。パスワードには数字と、；とか！などを入れなければなら
ない。例えば名前の一部 miwa は使えない。午前 8 時から一般でも図書を
閲覧できる。日本語の本も相当ある。世界各国の社会主義運動や共産主義
運動、労働組合関係の本が充実している。台湾の書籍も継続的に寄贈され
ている。

ランチ

　一番近いのが、同じビル SRH の O's Café である。簡単な食事がとれる。
コーヒーは大きいのが 2 ドル。分量が多いので S で充分。Fruit Salad は
3.75 ドル。8 時から午後 3 時まで。The Thompson Center（TCC）の建物
の Lobby（玄関から入って左の階段で下がる）の下に Under the Oaks
Cafe というカフェテリアがある。メキシコ料理。スープやサラダバーもあ
る。7 時半から午後 2 時まで。私のおすすめは、朝は Morning Plate、お昼
は Today's Special である。分量は多くないので、ちょうどよい。STD
（アメフトスタジアム）の Red Zone（23rd St. に面している）に Food
Court がある。Subway やスタバが入っている。朝、7 番バスを降りたとこ
ろに Food Vender（露店）もある。ここのフィルターコーヒーは美味しい。
小さいカップで 2 ドルする。テキサスのコーヒーは総じて美味しい。夏は
暑いので、アイスティーもおすすめである。砂糖抜きにすること。ここの
珈琲はぜひ味わわれたい。フィルターコーヒーがこんなに美味しいものか
と感心した。

12　LBJ Presidential Library
　　（L. B. ジョンソン大統領図書館）

ジョンソン大統領図書館での閲覧

　開館時間は平日の午前 9 時から午後 5 時まで。初回訪問時にメールでア

ポを入れたほうがいいようだ。私はいきなり行ったが、丁寧に対応していただいた。テキサス大学 Austin 校のアメフトスタジアムの近くである。アーキビストが利用前に説明することになっているので、下記のメールアドレスで訪問日とおよその時間を伝えておくのが望ましいと思う。

住所：2313 Red Driver St. Austin, TX 78705

電話：(512) 721-0212

メール：Johnson.Library@nara.gov

10 階が閲覧室である。博物館と一体になっているので、博物館の入口で研究に来たと言えば、そこで閲覧室に電話をしてくれ、10 階に行くように言われる。エレベーターで上がり、右に 5 歩歩き、右に 10 歩歩き、正面のドアを開け、赤いカーペットの上を進むとロッカーがある。ロッカーに荷物を入れる。入館証の登録には A Photo ID が必要なので、パスポートを提示して、入館証 RESEARCHER IDENTIFICATION を作成する。1 年間有効。スタッフが親切で手際よくすすむ。

最初にアーキビストが丁寧に説明（An Orientation Interview）をしてくれる。日本関係の資料であれば、国別に並んでいる NSF、Country File がいいというアドバイスを受けた。チェックリストを眺めてから、Request Slip で、Boxes 250-253 を請求する。Reference Service Record が出てくるので、それにサインして、イニシャル MM を書き、日付を入れる。

入館時にサインをして、ロッカー番号を記入する。Pull Out は 9：15、10：15、11：15、1：15、2：15、3：15、and 4：15。最初の訪問時には柔軟に対応してくれ、請求したらすぐに Pull Out してくれる。3 日間、カートをデスクの横に置き、1 箱だけデスクに置ける。One Folder だけ取り出せる。取り出したら、そこに Place Card を置く。このようなルールになっている。目録を眺めていると、機密解除されていないものがかなりあることがわかる。アーキビストの説明によれば、開示請求すると、6 カ月とか 1 年、場合によっては 3 年かかるとのこと。池田内閣、佐藤内閣時代であ

Ⅰ　アメリカのアーカイブ

る。ベトナム戦争、公民権運動、ケネディー暗殺とアメリカ政治史にとっ
てはまだまだタブーがあるということだ。FDR 大統領図書館がガンガン
PDF にしてネット公開しているのとは違う。歴史認識はどこの国でも、ど
この地域でも難しいことが理解できる。チェックリストはカウンターに向
かって左側手前の棚に並んでいる。様々なチェックリストが並んでいる。
オーラルヒストリーも充実している。箱のあるカートはそのままにして、
退館すればいい。カウンターで所持品のチェックを受け、退出。カートは
そのままで翌日も資料をカートから取り出せばよい。

　無線ランは無料である。Briscoe Center の開館時間が 10 時なので、私は
9 時から 1 時間ほどジョンソン大統領図書館で資料を眺め、ついでにメー
ルのチェックを行った。

　テキサスの人たちは親切で、オーストラリアに来たときと同じような雰
囲気である。南部は保守的と言うが、気質が素朴でフレンドリーという印
象を受ける。

　http://lbjlibrary.org/research

　上のホームページには下記のように記されている。ぜひホームページを
眺められたい。

Reading Room Hours

9：00 a.m. -5：00 p.m.

Monday - Friday

Appointments recommended

Closed on federal holidays

Please call（512）721-0212 or email Johnson.Library@nara.gov to
arrange to speak with an archivist specializing in your area of interest.

Audiovisual archives by appointment only

Call（512）721-0212

or email Johnson.Library@nara.gov

推奨ホテル

Days Inn Austin

徒歩圏内のホテルは Days Inn Austin である。37 番バスも利用可能。料金は少し高め。夏場は高い。アメフトの試合のある日は高くなるので、さけるべきであろう。大学の講師、准教授におすすめ。もちろん教授にも。①質素だけれど朝食が無料（パンとコーヒー、オレンジジュース程度、Wi-Fi 無料）。②フロントでコーヒーが 24 時間サービス。③徒歩 15 分弱の距離に大きなスーパー（Fiesta）があり便利であるが、幹線道路沿いを歩くとはいえ、治安が悪い場所があるので、夜は出歩かないこと。

Motel 6 Austin-Midtown Austin

学生にすすめるホテルである。朝食がない。朝のコーヒーサービスは午前 6 時からフロントにある。電子レンジはフロントに 1 台ある。氷は 24 時間大丈夫。荷物は預かってくれる。テキサス大学 Austin 校からは 7 番バスを利用して 1 本で行けるのがよい。近くにセブンイレブンがあり、Denny'もある。朝食はセブンイレブンで買えばいい。Burger King もある。ホテルの近くを 7 番バス、300 番バス、320 番バスが走っている。空港からは 350 番バスと 7 番バスで行ける。100 番バスと 7 番バスでもよい。学生にはこのホテルをすすめる。もしくはユースホステルである。高級ホテル、中級ホテルが多く、ユースは余裕を持って予約するのがいいだろう。Greyhound Bus Station から近いのも Motel 6 のメリットであろう。7100 I 35 N, Austin, TX, 78752

ユースホステル（HI-Austin）

住所と連絡先は以下の通り。ユースホステルは空港からだと 100 番バス（Airport Flyer）で市内に入る前に下車。市内からだと 7 番バスも利用できる。個室は 63 ドルから 58 ドルで、2 人で泊まれるが、ダブルベッドであ

Ｉ　アメリカのアーカイブ

る。相部屋は 25 ドルから 28 ドル。個室は満室で、なかなか予約できない。学生は早めに予約を入れられたい。

2200 South Lakeshore Blvd Austin Texas 78741

Tel. 1-512-4442294

Fax. 1-512-4442309

reserve.austin@hiusa.org

http://www.hiusa.org/texas/austin/austin/

DoubleTree Suites by Hilton Austin も徒歩圏内である。学生には値段が高い。2 キロぐらいなので、運動をかねて歩いてちょうどよい。冬場はねらい目だが、夏は料金が高い。

ホテルリスト

The Thompson Conference Center's website に掲載された下記のホテルリストを参照されたい。ホテルを選ぶ際にはバス路線と本数をチェックしておくこと。

https://www.utexas.edu/ce/tcc/attend/local-accommodations/

交通網に関しては Briscoe Center をご覧あれ。システムマップの PDF は以下の通りである。

http://www.capmetro.org/uploadedfiles/Capmetroorg/Schedules_and_ Maps/System_Map.pdf

古本屋 Half Price Books

Half Price Books

5555 N. Lamar Austin, Texas 78751

512-451-4463　　　Located at N. Lamar Blvd. and Koenig

N. Lamar Blvd. and Koenig の交差しているところの近くなので、7 番バスと 320 番バスが利用できる。7 番バスであれば、Ave F と Koenig Ln の交差点で降りて歩く。320 番バスであれば、N. Lamar Blvd. and Koenig の交差点で下車。Google Map で確認して歩くこと。7 番バスであれば、15 分くらい歩く。320 番バスであれば、道を横断するのが一苦労する。ダウンタウンから 1 番バスで行くこともできる。

　隣にある Goodwill という「古物屋＋古着屋」がある。お皿やマグカップはここで調達するのがいい。カバンも安く調達できる。本や CD も売っている。

Ⅱ ヨーロッパ（英　仏　独）

英国国立公文書館（The National Archives United Kingdom、TNA）
書庫内の資料、WO関係

Ⅱ　ヨーロッパ（英　仏　独）

【イギリス編】

13　The British Library（大英図書館）

　入館して階段を上がり、左側の Registlation の部屋で登録をする。必要なものは、パスポート、国際運転免許証（住所の証明）の2点である。それをみせてから、パソコンで住所を打ち込む。指示どおりに入力し、入力後番号が表示されるから、それをメモする。番号で呼び出しを受け、写真を撮り、顔写真付きの入館証（Card）が発行される。3年間有効で、延長するときには再び2点セットが必要になる（2017年9月には、2つの ID を持っていることを受け付けカウンターで示してから、入館証を作る。左にある申請用のパソコン画面の1のフォームをクリック、延長や期限切れの時には2のフォームをクリックして、次の面談を椅子に座って待つ）。面談では、期限切れの入館証の場合、パスワードなど同じでいいかなどを聞かれるが、私は同じでいいが忘れたと答えたところ、Information Desk の Hand Telephone で電話をかけることになる。登録した名前とパスワードが電話口から聞こえてくるが、何のことかわからなかった。閲覧室のカウンターで聞き直したら名前が●○○○○○●●○という。●が大文字で○が小文字とのことで空白はないという。新しいパスワードは ChangeMe678 だという C と M は大文字とのこと。ブランクはなし。わかりやすいパスワードであるが、電話で聞くと「Change Me」が何のことなのかわからなかった。私は「678CM678」が新しいパスワードと勘違いした（2017年9月訪問時）。

　ロッカールームは GF 階にある。ロッカーに荷物を入れる。4文字の数字を入れて鍵がかけられるようになっている（2回同じ番号を押すことになる。忘れないように例えば「1234」「9876」などわかりやすいのがよい）。英国国立公文書館と同じシステムである。ビニール袋が置いてある。これ

89

にパソコンや資料を入れればよい。鉛筆は可、ボールペンはダメ。デジカメは持ち込みが OK で、書籍の撮影もできる。

　入館証の番号で、パスワードを作成する。New Users Create Password をまず最初に作成する。これはスタッフに聞くのがいいだろう。検索画面であるが、Advance Search である程度絞り込んで、Add to list をクリックする。これを一点一点やって発注（Request）してもいいし、後で纏めてリクエストしてもいい。1 日に 10 点まで。10 点で打ち切りになる。リクエストしたものは黄色の表示になる。到着までの時間が示され、70 分とか 2 日後の場合もある（なお右上の画面にある、Log In で入館証番号とパスワードを入れないと、蔵書を請求できない。簡易検索画面で資料を調べた後、Log In のある画面になる。詳細検索画面から Log In はできない）。

　Reading Room を 1 つ選ばなければならないが、私の場合は一番下の「Social Science」をクリックすることが多い。「Humanities」を選ぶ方も多いだろう。本は選択した Reading Room の書架に届くので、時間がたてば、MIWA と言ってカウンターにとりに行く。刊行年も入れなければならない資料もある。地図関係は「Map Room」を指定する。「Social Science」の 1 つ上の階の「Science 2」とは中でつながっているのを使い、分野で分ける手もある。技術関係の書籍は Science 2 に届けてもらい、戦争関係は Social Science というように指定して届けてもらうことも可能である。

資料の請求の仕方

　On Line Catalog から資料請求を行うようになってから資料請求が簡単にできるようになった。Log In ではなく、パスワードを入力すればよく、システムがわかりやすくなり、改善されている。

　Onsite の資料は閲覧室に届くのに 70 分であるが、Offsite の資料は 2 日 48 時間かかる（実際には 1 日半で翌日午後に出庫されることがある）。土曜日は請求不可。70 分で届けられる本や地図は、請求画面上で、カラー表

90

Ⅱ　ヨーロッパ（英　仏　独）

示されている。4 日前だと事前申し込みができるので、日本で資料請求をしてから BL のあるロンドンに行くべきである。入館証作成時に付与されるパスワードさえあれば、検索画面から事前請求が簡単にできる。閲覧室は「Social Science」を選べばいいだろう。

　書籍情報はメールで送信することもできる。論文などもコピーを請求できるが、コピー代と著作権料がかかり、案外値段がかさむ。私の場合、書誌情報をメールで送り、九州大学の電子ジャーナルでダウンロードしている。一覧の画面はコピーできる。1 枚 0.26P。これはという本は、日本の大学図書館に所蔵されていないかどうか、アマゾンで発注できるかどうか、国立国会図書館に所蔵されているかどうかなどをネットで調べながら、値段の高い本や日本で所蔵されていない本はデジタルカメラで撮影するか、コピーを取っている。

　6 点まで 3 日間取り置きできる（実際には 4 日取り置きしてくれた。米国議会図書館は 1 日でも遅れると片付ける）。カウンターで返却する（Finish）のか、カウンターの書架に取り置き（Keep）するのか述べて、名前を言えばよい。名前のアルファベットで書棚に並べている。

　Reading Room は、月曜日 10：00 ～ 20：00、火～木 9：30 ～ 20：00、金～土 9：30 ～ 17：00（2018 年 3 月）。Map Room などの Reading Room は午後 5 時まで。閲覧時間は変更が行われる時があるので、訪問前にホームページで確認されたい。

コピーのやり方と料金システム

　デジタルカメラで撮影できるようになったので、コピーされる方は少ないであろう。帰りの飛行機の中で読みたい資料はコピーとデジカメ撮影と両方したほうがいいだろう。

　ここのシステムは名前とパスワードで最初にお金を預ける。コインか札で入れればよい。お釣りは出ない。5 ペンス以上の金額のコインで入金。簡

単な領収書も出てくる。コピーするときには、コピー機の右側にある液晶画面に、「[Enter Your User Name] → Next をクリック→ [Enter Your Password]」に変更された。0.26 ポンド。本が傷むとの理由で A4 サイズしかできない（見開きで 1 ページ分）。1 枚 0.26 ポンドと割高。コピー枚数× 0.26 ポンドが自動的にアカウントから差し引かれるというやり方。Self Copy である。

請求リストや検索結果もこのコピーシステムで申し込むことができる。慣れれば簡単であるが、初めての場合にはスタッフに尋ねるのがよいだろう。

Social Science の部屋の上の階にコピー機が 6 台（プラス大型 1 台）置かれている。1F にはコピー機が 2 台ある。

行き方

地下鉄 King's Cross 駅（St Pancras 駅も隣接）から歩くのがわかりやすい。バスも本数や路線も多い。帝国戦争博物館と BL の移動であるが、59 番バスで往来できる。

開館時間、入館書作成など

開館時間、アクセス、入館証の作成の書類は下記のホームページが詳しい。

https://www.bl.uk/aboutus/quickinfo/intvisitors/japanese.pdf

https://www.bl.uk/help/how-to-get-a-reader-pass

パスポート（名前）と日本の住所を証明するものの 2 点が必要である。パスポートと国際運転免許証ということになろう。9.11 テロ直後は 3 点必要だったが、現在大学の身分証明書は不要である。9 時 30 分から Reader Registlation の受付が始まる。午後 5 時ごろまで申請可能。Social Science

の部屋は月曜日から木曜日までが、10：00 ～ 20：00 で、金曜日と土曜日が 9：30 ～ 17：00。日曜日は本の閲覧はできないが、一部のスペースが開放され、勉強している人たちがいる。日曜日は観光客も多い。日曜日は 11 時から開館され、17 時まで。

食事

「Kings Library」「Terrace Restaurant」「Coffee Shop」が館内にある。

朝食やランチがある。日本のコーヒーに最も近いのが Americano である。アメリカンの Large が 2.20 ポンドである。ケーキ（2.5 ～ 4 ポンド）やパンやサンドイッチは館内の食堂にもいろいろな種類がある。ランチの定食は 8.5 ポンドと割高である。パン切れが 0.8 ポンドであるので、これを 2 つ注文して、コーヒーで 3.80 ポンドである。英国国立公文書館より割高。大英図書館（BL）近辺には食べるところがいっぱいあるので、外に食べに行ってもいい。少し歩きキンクロ駅のホーム上の WASABI で SUSHI と醤油の日本食を取ると元気になる。国際色豊かな、パンクロ駅、キンクロ駅の中のお店でもいいだろう。

King's Cross 駅（キンクロ駅）、St. Pancras 駅（パンクロ駅）

St. Pancras 駅の中に 24 時間あいているのが COSTA と Starbucks Coffee である。午前 5 時には KINGS CROSS 駅も入れるので、モーニングを食べることができる。トイレであるが、St. Pancras 駅は無料である。EUSTON 駅と KINGS CROSS 駅だと 30P である。両駅には「LEFT BAGGAGE」という荷物を預かってくれるところがある。

泥棒とスリ

ロンドンのマックで注文しているときに、大きな旅行バッグをそっくりそのままとられてしまった。ノートパソコンを小さなバッグに移しておい

たので、悲惨な結果にはならなかったが、ロンドンは5人ほどでチームを組んだコソドロ集団がいることを思い知らされた。カバンは片時も目を放してはいけない。観光客を狙った泥棒がいる。海外旅行保険に入っておけば、警察に被害届を出せば、証明書がもらえる。警察は呼んでもなかなか来ないので、警察署に行って、盗難時の状況を話し、証明書をもらうのがいい。写真を撮ってやろうとか言われた際には、スリの可能性があるので、要注意である。集団で取り囲んで、他に気をとらせて、ポケットから財布を抜き取る。

両替はどこがいいか

Thomas Exchange Global Ltd. の店舗で両替するのが、もっとも交換レートがいい。円⇔ポンド、ポンド⇔ユーロなど。King's Cross 駅近くに店舗がある。Hammersmith 駅構内にもあり、何時も行列ができている。それだけレートがいいということ。ロンドン市内各地にあるので、ネットで調べられたい。King's, Cross Office の住所は下記の通り。

25 Euston Road London NW1 2SD

14 The National Archives（英国国立公文書館）

Public Record Office（略称PRO）から、現在は The National Archives と名称変更された。略して TNA で、「The」に意味を持たせ、識別させている。

交通

Heathrow 空港からは、ピカデリー線で Hammersmith 駅まで行き、進行方向右にある隣のプラットホームのディストリクト線「Richmond 行き」（同じディストリクト線の「Ealing Broadway 行き」には乗らないこと）に

Ⅱ　ヨーロッパ（英　仏　独）

乗り換えて、Kew Gardens 駅で下車。改札を出て、到着したプラットホーム側から改札を出て、左側にいく道を見ると、黄色い表示板が目に入る。それにしたがって、左に曲がり Burlington Ave. をテムズ河方向にまっすぐ歩く。交通量の多い Mortlake Road にぶつかり、左に 10 メートル先にある押しボタン信号のところで道路を渡り、目の前にあるのが英国国立公文書館 TNA である。白鳥とカモが泳いでいる池の間を通り抜け、回転扉の入口から入館する。

　Heathrow 空港からは 30 分ほどで、ロンドン市内からは 50 分みておけばよい。交通の便は非常にいい。別法もある。ロンドン市内からであれば、National Rail の Waterloo 駅から 20 分で Richmond 駅。同駅正面で道路を渡り、路線が TNA まで延長されたバス R68 に乗って、終着 Kew Retail Park で下車。歩いて駐車場を抜け、2 分。本数は多く 11 ～ 15 分間隔で運行されている。Richmond 駅から地下鉄（オーバーグラウンド線、ディス

図表Ⅱ-1　TNA の正面と池

トリクト線）を利用し、Kew Gardens 駅で降り、歩いてもよい。

https://www.tfl.gov.uk/

バスは OYSTER でしか乗車できず、現金は受け付けない。

その他

TNA（旧 PRO）に行く前にパラパラと眺めておくとよい本。

清水元編『英国立公文書館の日本・東南アジア関係史料』（アジア経済研究所、1992）請求記号は古いが、これを頼りに検索すれば有用。

佐藤元英編『日本・中国関係イギリス外務省文書目録』（クレス出版）

高田実「イギリス議会文書の基本的性格と利用方法」（JCAS Occasional Paper, No.2, 1999）議会文書は日本の大学で所蔵しているかどうか、事前に調べるべきである。

John D Cantwell, The Second World War―A Guide to Documents in the Public Record Office―, ISBN1-873162-60-x.

入館証の作成（Reader's Ticket）

Register for Reader's Ticket であるが、上の階への階段を上がった正面「First Time Visitor」のデスクで入館証を作成したいとか資料を初めて閲覧に来たと言えば、左の壁の PC で必要事項を記入するように言われる。簡単なガイドがあり、それを見ながらクリックしたり、選択したりしていけばよい。5 段階からなるが、最初の①と資料の取り扱いのビデオ②に時間がかかるだけである。パラパラと読んでクリックしていけばよい。③～⑤はすぐ終わる（この欄の記述は 2017 年 9 月訪問時の記録である）。

最初の画面の真ん中の列の 2 番目の Document Orderning のトップにある 'Do I need a register's ticket' をクリックする。次のページの赤色で表示された Register をクリックする。説明文があるが、時間がかかるので、パラパラ眺めるだけでよい。次のページには「Proof of address」「Proof of

Ⅱ　ヨーロッパ（英　仏　独）

name」の欄があり、国際運転免許証（Driving licence with an address）
とパスポートを ID に選び、年月日などを記入していけばよい。これが終
われば、資料取り扱いのビデオであるが、ビデオはコンパクトにまとめら
れていて面白い。このビデオはしっかり眺め、それから次のページに移動
されたい。ビデオには Cradle、Spine、Weights の使い方が説明されてい
る。日本から出発前に事前にパソコンで記入しておけば、当日 1 階で一対
一面談すれば 3 分で終わり。

　http://www.nationalarchives.gov.uk/about/visit-us/researching-here/do-
　i-need-a-readers-ticket/

　https://secure.nationalarchives.gov.uk/login/yourdetails（事前に書いて
　送ってもよいし、当日 TNA のパソコンで入力してもよい）

　PC での記入が終われば、左側のデスクで 1 対 1 の面談を受けながら、入
館証が発刊される。パスポートと国際運転免許証（住所の証明に使う）を
渡し、先方が名前や有効期間を確認する。それから写真を撮れば出来上が
り。更新時にも、パスポートと国際運転免許証を提示すればよい。

　入館証の「デビットカード」機能であるが、2018 年 3 月には廃止され
た。

　0 階右にあるロッカーだが、鍵のロッカーと、「Kit Lock」式のロッカー
の 2 つがあり、どちらも簡単である。「Kit Lock」では暗証番号として数字
の 4 文字を入力すればいい。例えば「1234」でよい。2 回「1234」を押す
必要がある。取り出す時に同じ数字「1234」を入れればいい。もしトラブ
ルで開かない場合には、Security に行き、開けてもらえばいい。

　大きな荷物は持ち込み禁止になり、43 × 42 × 24cm 以上の大きさは持
ち込めなくなった。B & B かホテルに預けてから TNA に来るしかない。
米国国立公文書館は大きなロッカーがあるが、英国国立公文書館には備え
られていない。

TNA 館内の座席

　各テーブルに番号があり、テーブルには 8 席ある。窓際にはデジタルカメラを固定するカメラスタンドがあるので、固定して撮影したい場合には、窓際の席を指定すればいい。窓際でもスタンドを使わずにデジタルカメラで撮影してもよい。窓側を指定したほうが、影の部分が弱くなるので、窓側の座席をおすすめする。

　資料の受け渡しであるが、番号の書かれた箱 Document locker が Reading Room の中に設置されており、自分で取り出す。Document locker と Seat Number は同じである。資料の返却はロッカールームの右側の大きなカウンターに置いておけば、スタッフがバーコード（黄色の紙）を読み取り、返却手続きが完了する。資料が大きなもの（地図、設計図、図）や古いものは、上の 2 階のカウンターで受け取る。1 階の場合は（1）で表示される。返却時に必要なバーコードを落としたり、紛失したりしたときには、i カウンターに行き、黄色のバーコード用紙を再発行してもらえばよい（すぐにプリントアウトしてくれる）。

　申し込みの資料がどうなったのかを示す、current order status display の表示は請求時間と Status の 2 点だけの簡潔な表示になっている。資料の申し込みが受け付けられたのか、資料が届いたのかが表示される。届いていれば、また 3 点資料請求することができる。

　資料請求の方法は、検索して、請求番号を調べ、その番号を入力するというやり方。下に示したように上から順番に入れればよい。資料請求の入力方法はスタッフに聞くのが早い。日本からインターネットで事前申し込みができるので、日本から試しもかねて請求しておくと時間の節約になる。

　検索のホームページ：http://www.nationalarchives.gov.uk/catalogue/search.asp?j=1

　「order now」をクリックすれば、請求が受け付けられる。3 点請求することができ、ロッカー（Locker、座席番号と同じ）に届いたら、さらに 3

Ⅱ　ヨーロッパ（英　仏　独）

点を請求できるシステム。これを繰り返して最大 21 点まで請求できるが、ロッカーの大きさから考えて 6 〜 9 点で十分である。ロッカーから取り出し机に運んでよいのは、大きなものは 1 点で小さいものは 3 点である。閲覧している資料をキープするとき（document reservation option）は次回来る日にちをクリックするシステム「Reserve your Items for another day」である。画面の中央の下から 2 番目に表示が導入されている。次回来館の日にちをクリックすればいいだけ。最終日であれば、日付をクリックせずに「Next」をクリックする。そうすると「Vacate Your Seat」となり、座席指定は解除されるということになる。日付の変更があった場合には、座席指定を新たに行わなければならない。同じ座席指定のほうが都合がいいので、i-DESK（Help Point Desk とも呼ぶ）に行って、変更を依頼するのがいい。私は、日にちを間違えてクリックしたために、資料の請求の際に、座席指定を要求されたので、何事かと思い、ひょっとしたらクリックの間違いをしたのではないかと思い、i-DESK に行き、事情を話した。間違えてクリックしていたとのことで、予約していた座席番号で資料の受け渡しができるようになった。事前予約していないと、Document Ordering「資料を申し込む」際に画面で座席指定するように設定されている。Reserve a Seat in the Reading Room の画面表示にしたがい、クリックしていけば、Your Seat has been reserved という表示が現れる。ここで Search the Catalogue をクリックすればよい。Word or Phrase、Year range を入力すればよい。わかれば簡単なことであるが、はじめて行かれる際にはスタッフに尋ねるのが手っ取り早い。1 階に上がってすぐの「Start Here」の部屋の PC の前でスタッフに教えてもらいながら申し込みを行ってもいいし、Document Reading Room に入室してから座席指定をしてもよい。資料を請求するときに PC の画面に表示されるので、座席番号を確定後、資料が請求できるようにプログラムが組まれている。「Start Here」の PC でも閲覧室に入ったところにある PC のどちらかで資料を申し込み、その際にあ

わせて座席指定する。座席指定の際にいろいろ聞かれるが（静かなところ
がいいのか、1人でリサーチするのか、グループなのか、デジカメ撮影す
るのかしないのかなど、撮影のため窓際がいいかどうか）、適当に答えてお
いて差し障りはない。2018年3月には空いている座席指定（青色で示され
ている）ができた。デジタルカメラを固定する三脚を利用したい場合には、
窓際を指定すればよい。窓際の方がデジカメ撮影した場合、影が映らない
ので、この点がありがたい。連続してシャッターを切る撮影者がいるので、
気になる人は8人掛けのテーブル席の方がいいだろう。画面を見ながら座
席指定ができるので、適当に指定すればいいだろう。シャッター音は認め
られている。帝国戦争記念館は、シャッター音は不可でサイレントモード
にしなければいけない。

1階階段右側はFamily Record History Centreの端末が並んでいる。こ
こではBirth（出生届）、Marriage（婚姻届）、Death（死亡届）の資料が
公開されているため、Family Tree作成のために家族連れが来ている。資
料の利用の仕方は、林田治男『日本の鉄道草創期』（ミネルヴァ書房）を参
照されたい。さらに奥に進むと書籍が並んでいる。書籍も手に取って眺め
ることができる。トイレもある。

検索システムがバージョンアップされた。以下、2017年9月23日のメ
モからの抜粋である。

入館証を持っていれば次のステップで資料を検索する。中央の列の上下
2段の下側にある「Document Orderning」の2番目の「Order docu-
ments」をクリックする。上から2番目の「Search Discovery」をクリッ
クする。次の画面でKey Wordを入れてもよいが、緑色の「Advanced
Search」をクリックして詳細検索画面で検索するほうがいい（追記　絞り
込み機能が充実してきたので、「Advanced Search」でなくても大丈夫。
「Advanced Search」では期間や機関で絞り込んだり、石炭という項目で絞

Ⅱ　ヨーロッパ（英　仏　独）

り込んだりすることもできる。いずれにしろ優れている。例えば 1941 年〜
1945 年のように年で絞り込むと効率がよくなる）。

　検索画面表示は以下の通りである。期間で絞り込むとヒット件数が大幅
に減る。海軍とか陸軍とか作成機関で絞り込むこともできる。

Find Words

all these words □ （入力スペース）［単語を並べれば AND 検索になる。
慣れるまではここだけで十分］

exact word or phrase　□ （入力スペース）フレーズ検索になる。これで
も絞り込める。

any of these words　□ （入力スペース）or □ or □　［これを使えば OR
検索になる。］（OR 検索は Japan Japanese Tokyo のように関連したもの
を幅広く検索するときに便利である。）

Don't find

any of these words　　□ （入力スペース）or □ or □　［検索リストか
ら削除できる。］

Date　　［これで絞り込むこと。年で絞り込まないと膨大な量がヒット
する。］

　○ Search a date range　　　○ Search a specific date

　　From　□□□□ （入力スペース）to　□□□□ （入力スペース）

　　西暦の選択肢が並んでいるので、そこで年代を特定してもよい

Held by

　◎　Search All　こちらにチェックが入っているのでそのままでよい。

　○　Search The National Archives　○　Search other　Archives

（TNA だけの方が絞り込みやすいのでいいかもしれない。他の図書館としては LSE の所蔵資料が多い。Imperial War Museum の資料もヒットしてくる。帝国戦争博物館の写真はヒットしないので、助かる。）

○　Online collections only

TNA の請求記号で検索や資料請求する場合、例えば Premier3/332/2 の場合には「Premier　3/332/2」を入力すればよい。関連の資料を探す場合には、「Premier　3/332」と入力して検索するといいのがヒットしてくる。/ スラッシュはいれなくて、半角の空白でもよい。パソコンの電源であるが、三極コンセントが必要。各机に電源が２個ある。電圧が高いので、パソコンが壊れやすい。使わないときには電源に接続しないこと。

米国国立公文書館は三脚が持ち込めるが、ここでは三脚は持ち込めない。固定して撮影したいときには、デジカメ撮影用の机があり、そこで撮影すればよい。カメラを固定でき、高さを調節できる。もちろん自分のテーブルで撮影してもよい。

インターネットはワイヤレスが完備されており、館内どこでもアクセスできる。

開館時間は以下の通り。

水金土が９：００〜１７：００　（資料請求は９：３０〜１６：００）

火木が９：００〜１９：００　　（資料請求は時間は同上）

最新の開館時間はホームページで確認できる。

http://www.nationalarchives.gov.uk/about/visit-us/opening-times/

月曜日、日曜日の休館日は、月曜日に開館の BL で調査されたい。日曜日は古本屋巡りとか博物館見学、ミュージカル、映画鑑賞、静養など息抜

きも大切である。

75 年ルールの非開示文書の開示請求（FOI）

　75 年間の制限のある文書（Closed for 75 years）をみたい場合、その資料の請求番号を確認して、Search Discovery にその請求番号を入れる。そうすると非公開資料であれば、紫色の表示が出ているところがあるので、そこをクリックして、「Submit FOI request」すればよい。後は画面に従って入力し、どのような理由でその資料をみたいのか書けばいい。

　FOI は 2 段階からの審査になっている。資料を所蔵しているかどうか。所蔵していれば、開示できるかどうか。

　9 月 22 日に英国国立公文書館で開示請求したが、10 月 11 日にメールで回答があり、「This information consists of the personal medical data of named individuals.」という理由であった。

閲覧（請求）履歴

　Order Document 画面から、左側の下にある「Past Orders」をクリックすれば、過去の請求履歴が表示される。過去に請求した資料と重複していないか、また前回撮影した個所の判読が難しいときに再度請求する際に助かる。閲覧履歴は PDF に変換して、メールで送信することができる。

　現在の請求状況もわかる。現在の出庫状況は Document Status Screens 画面が i-Desk の左右にそれぞれ 1 台置かれているので、それをスラッシュすれば表示される。1 時間以内に届くはずであるので、届かない場合には何らかのミスかトラブルなので、i-Desk にまだ届かないと伝えること。すぐに対応してくれるからありがたい。

傍受された外交電報（Diplomatic Intercept Decrypts）はHW12シリーズ、HW37シリーズにある

　1941年1月に英国諜報機関が傍受した外交電報はHW12/260であり、同年11月はHW12 12/270である。HW12シリーズは月次単位であり月日できれいに並んでいる。HWの中には国ごと、政策ごとにファイルされている傍受電報記録もある。ロンドンからモスクワに送られたVenona（HW15）もあるから面白くなりそうである。第二次世界大戦の極東情勢のサマリーはHW44。諜報活動のサマリーはHW13。他にもたとえば、日本関係HW67、日本海軍関係HW27がある。トルコがアジア、中東、ロシアの諜報の接点で、重要である。

　MI5、SOEなどの諜報機関の資料も公開が始まった。PDFでダウンロードできる日記などもある。小野寺信はKV2/243であり、Gui Liddell副長官（MI5）の日記はKV4/185〜KV4/196である（Liddell日記はPDFでダウンロードする。すでに本として刊行されている）。諜報機関の資料は複数を突き合わせないと陰謀史観、後知恵史観に陥る。慎重かつ丁寧に読まないと、自分の都合のよいように解釈することになる。テレビ番組はまさにその典型である。TVディレクターの思い込みで、その思い込みにあわせて資料を並べていく。あたかも事実であるかのように！　NHKのディレクターの思いつきで、その思いつきに都合のよいように資料で脚色した番組には辟易するものがある。プロパガンダではなく、デタラメである。1時間という放映時間では単純なストーリーになるのだろう。

　学生の場合、諜報機関の組織などを調べるのはいいかもしれないが、資料の中身を論じる際には、玉石混交であることを肝に銘じなければならない。外交電報やアタッシェの傍受記録は、日本にないものは使えるだろう。それでも慎重に使わないとガセネタにひっかかることになる。

Ⅱ　ヨーロッパ（英　仏　独）

資料の破損を見つけたら

　資料の破損を見つけたら、画面の左下に小さな文字で書かれている「Use our document condition feedback form to report a problem」をクリックして、破れている（tear）など状態を書き、請求番号とその資料を特定できる情報を記載する。それから資料を返却すればよい。早め早めの対応がいいので、ぜひ破損や千切れかかっている資料に遭遇したら報告してください。

地下鉄・バスとオイスターカード（OYSTER）

　地下鉄 Underground（英国では地下鉄は Tube）の駅まで歩き、日本の「スイカ」と同じオイスターカード（OYSTER）を駅で 20 ポンドほど支払って購入すればよい。ヒースロー空港のターミナル 4 であれば、地下鉄乗り場の売店で購入するのが一番簡単である。駅の販売機であればカードで購入するのが簡明。1 回買っておけば、何度でも使え、金額が少なくなれば、駅で入金すればよい。いちいち値段をチェックしなくてすむし、安上がり。Oyster カードを使えば、最初のタッチから 1 時間以内であれば、2 回目は無料である。1 日の上限 Daily Cap が、4.5 ポンドで 1 週間の上限 Weekly Cap が 21.20 ポンドである。

　Oyster への入金であるが、現金よりもカードで払うやり方が普及している。10 ポンドとか 20 ポンド、30 ポンドという金額が表示され、クリックすればいいだけ。カードは Pin 番号を入れればよいだけなので慣れれば簡単。少額でもカードで支払うのが普及している。現金の入金が案外面倒である。

　バスも行き先が停留所に書かれているので、また 10 分に 1 本の割合で走っているので、慣れれば便利。夜行バスも頻繁に走っているので、これまた便利である。バスは現金を受け付けないので（do not take money）、Oyster なしでは搭乗拒否にあうだけだ。

ロンドンの Oyster Card とワシントン DC の Smartrip Card は同じシステムである。有効期間が 2 年間と書いてあったが、私は 3 年ぶりに使ったが、何の問題もなく使えた。

https://tfl.gov.uk/modes/tube/

Kew Garden 駅周辺の散策

Kew Garden 駅周辺を散策。キャッシュコーナーは 3 つある。RBS、NatWest と Barclays である。Barclays は店舗もある。Kew Gardens 駅に隣接して TAP ON THE LINE というパブがある。London Pride というビールがおいしかったが、4 ポンドもする（2014 年 8 月）。誰でも入れる気さくなパブ。朝食は 10 ポンドほど。Station Parade 通には Tesco Express があり、食事から雑誌、日用品を売っている。営業時間は 7AM ～ 11PM。Tesco Express でサンドイッチかパンを買って、昼飯代を節約することができる。カップラーメンもある。電子レンジ用の米も置いてある。「Uncle Ben's」が有名。パンはトースターで焼いて食べれば安上がりだし、本場のパンはおいしい。スターバックスもある。平日は朝 6 時、土日は 7 時から営業している。

駅の中にも小さな店があり、経済紙 Financial Times を売っている。「A to Z」という London の地図を売っているが、イギリスでは「道路名」と「番地」で目的地にたどり着くため、道路名の索引付のこの 1 冊があると便利。反対方向の出口（地下通路あり）には、Kew Fish Bar という Kebab 兼 Fish & Chips の店（お昼のランチから）や Cafe Pagota がある。Pagota は朝 7 時から営業。全部そろった Full Breakfast（目玉焼き、キノコ、豆、ソーセージ、ベーコン）は 4.5 ポンド、コーヒーは 80P。All day Breakfast（図表Ⅱ-2 を見られたい）でお昼にも朝食メニューが食べられる。5 ポンド前後でランチをとることができる。値段が手ごろなので助かる。コーヒーは 1.2 ポンドで紅茶は 0.8 ポンド。私のお奨めは、キノコ、

Ⅱ　ヨーロッパ（英　仏　独）

豆、焼きトマト、そしてパン2枚である。ベーコンとソーセージは脂っこい。若い学生には問題ないかもしれない。目玉焼きは各自の好みで注文されたい。

Fish & Chips を食べるなら

The Garden Fish Bar である。Kew Garden 駅から歩いて3分ほどのところにある。住所は 285 Sandycombe Road, Kew Surrey, TW9 3LU. 電話：0208-332-2936

Cod Fillet 5.60 タラ

Rock Salmon 5.60

Plaice 5.60 カレイ

Haddock 5.60 コダラ

Skate 8.00 エイ

Scampi 5.60 エビ

Chips 1.90

Mushy Peas 1.00

All day breakfast

Egg, Bacon	
Egg or Beans on Toast	£2.10
Poached Egg on Toast	£1.10
Scrambled Egg on Toast	£1.20
Egg, Chips, Beans or Tomato	£1.45
Egg, Bacon, Sausage, Chips, Mushrooms, Beans	£2.20
Egg, Chips, Bacon, Black pudding	£4.10
Ham, Egg, Chips, Beans or Tomato	£3.45
Ham, Egg, Chips	£3.20
Egg, Bacon, Sausage, Chips, Beans or Tomato	£2.70
2 Sausages, 2 Eggs, Chips, Beans	£3.60
2 Toast with Jam or Marmalade	£3.80
	£1.40

Veggie Breakfast
Sausage, Hash brown, Mushroom, Beans £3.80
On Tomato

Extra:			
Egg	70p	Black pudding	95p
Bacon	95p	Mushroom	£1.10
Beans	65p	Sausage	70p
Chips	£	Tomato	70p
Hash brown			

Omelettes
- All omelettes served with chips

Ham Omelette	£3.20

図表 Ⅱ-2　Cafe Pagota の All Day Breakfast Menu

　味付けは、トマトケチャップ、マヨネーズ、タルタルソース。タルタルソースがおすすめだが、味覚は人それぞれなので試されたい。Mushi Peas（脂っこくないので買うべきである）をあわせて買うのが定番。分量が多いので、Medium サイズの値段である。お昼のランチ定食もある。営業時間（Open Hours）は 11：30AM ～ 10：00PM で、日曜日閉店。英国国立公文

書館の 2018 年 3 月の金曜日のランチメニューは Fish & Chips であった。Mushi Peas か Peas のどちらかを選択できる。トマトケチャップと Brown Sauce は対の味付けソースである。タルタルソースも置いてある。7.75 ポンド。Haddock

Kew Gardens 駅の Kew Godns Rd. と交差する Sandycombe Road を左折すると 391 番のバス停があり、右斜め前方にコインランドリーの Laundrette がある。洗濯は 5 ポンド。乾燥機は 1 ポンド 10 分である。クリーニング屋も兼業している。Laundrette ではコピーが 1 枚 15 セントである。FAX の送信サービスもある。その隣には The Inn というパブ兼レストランがある。上の階は Kew Gardens Hotel。http://www.kewgardenshotel.com/index.html。少し行くと The Garden Fish Bar という先に述べた Fish & Chips がある。

Richmond 駅

Kew Garden 駅から地下鉄（本数は少ないがオーバーランドラインも OK）で行くか、バス（R68、391、65）で行く手がある。シルバーラインからオーバーグランド（別称オレンジライン）と名前が変わった。来たのに乗れば次の駅が終点 Richmond 駅。

バス R68 は Kew Retail Park と Richmond Station と Hampton Court を結んでいる。1 時間に 3 本から 4 本。これも便利である。Richmond 駅を出て右にスターバックスコーヒーがあり、パブの Orange tree（地球の歩き方に掲載されている）がある。右に行き右に折れると Church Road である。左には RBS（道路を渡る）があり、パブ O'NEILLS があり、その隣がマクドナルドである。さらに左に行くと、Tesc Metro の大きな店がある。Mark & Spencer も近くにあり、両替もできる。レートもそこそこよい。Mark & Spencer の利用方法は以下の 4 点である。①服・食材を買う。②円、トラベルチェックをポンドに両替する。③トイレ④ランチや簡単な

夕食を食べる（英国国立公文書館に隣接する M&S）。③の利用だが、ロンドンではトイレが不足気味なので、現地の人々はマクドナルドとスターバックスコーヒーを利用している。道路を道に沿いながら直進して左に上っていくと、Richmond Hill である。眺望は素晴らしく、観光客でにぎわっている。

　国立公文書館の Kew Retail Park にある Mark & Spencer でも両替可。日本円現金からポンドへの両替は Hammersmith 駅（浜ちゃん駅）構内にある Thomas Cook（現在は Thomas Exchange Global Ltd. と名称変更）の両替が最もレートがいい。日本の銀行と比べ物にならないくらいレートがよいので、ロンドンで両替すべきである。Hammersmith 駅には WASABI という日本料理がある。1ポンド味噌汁とチキンカレーはおいしかった。KING'S CROSS 駅にも WASABI があり、チエーン店として成功している。Hammersmith 駅には、7.95 ポンド（平日）、9.95 ポンド（土日）で食べ放題の中華料理 THE REAL CHINA がある。Costa と Tesco の間を直進した突き当たり。ビルを出たところ正面にある。同駅には2か所出口があるが、有料トイレのある方の出口を出たら 10 メートルである。若い学生にはおすすめする。

　www.thereal china.co.uk

Charing Cross Road の古本屋

　地下鉄ピカデリー駅から1駅歩くと Leicester Sq 駅である。Charing Cross Rd に沿って古本屋がある。ホームページを列挙しておく。この途中に Leicester Sq があるが、公園の地下に大きなトイレがある。ロンドンは公衆トイレが少ないので、助かる。

　軍事史関係の書籍が多いため、私は満喫した。経済関係の本は少ない。幅広いジャンルの本が売られている。

　Quinto of Charing Cross Road：

48A Charing Cross Road London WC2H 0BB FAX：020-7836-5977
www.haycinemabookshop.co.uk

Any Amount of Books：
56 Charing Cross Road
www.anyamountofbooks.com

近くに有名な Stanford という地図専門の書店があるが、研究者は一度覗いておくとよいだろう。

KING'S CROSS 駅近くの古本屋　Housmans

1 ポンドで掘り出し物が買える古本屋が King's Cross 駅の近くにある。古書は地下にある。社会主義、平和、環境の本や左翼本が充実している。平日は午後 6 時半まで営業している。日曜日は 12 時から営業を始め、午後 6 時に閉店。ヨーロッパ史、経済史、歴史一般に関しては掘り出し物があったが、2018 年 3 月 11 日に訪ねたが、古本の冊数が大幅に減っていた。インターネットで調べれば、この辺りにも古本屋が散在している。新刊本も置いてある。

Housmans, Peace House, 5 Caledonian Road, King's Cross, London N1 9DX, UK
http://www.housmans.com/

Amnesty Bookshop Hammersmith

Hammersmith 駅（浜ちゃん駅）には Amnesty Bookshop Hammersmith がある。月曜日から土曜日まで営業。1 冊 2.5 ポンドの本が多い。英国史、ヨーロッパ史、科学、教育、社会科学、子供の本、小説、辞書などがある。価格が安いのがいい。

Monday-Saturday：10am to 6pm. Sunday：Closed

Ⅱ　ヨーロッパ（英　仏　独）

181 King Street Hammersmith

Lloyds of Kew Bookshop

英国国立公文書館から徒歩 10 分にあるのが、Lloyds of Kew Bookshop である。火曜日～土曜日で 10 時～ 5 時である。カードで購入できるようになった。第二次世界大戦関係などの戦争関係、英国史などの歴史関係、植物関係の書籍が多い。経済関係は少ない。

9 Mortlake Terrace Kew Richmond

www.lloydsofkewbookus.co.uk

SKOOB BOOKS（英国流の回文である）

SKOOB は大英図書館から徒歩圏内である。軍事関係、歴史関係、経済関係、社会科学、言語、文学の本が並んでいる。入口から下に降りる。Marchmont Street 側に看板がある。冊数は多い。

66 the Brunswick にあり、Marchmont Street と Judd St/Hunter St に挟まれている。

www.skoob.com

Richmond 駅・Waterloo 駅から Heathrow 空港へ

Kew Garden の TNA 周辺の B ＆ B からヒースロー空港までの行き方であるが、Kew Gardens 駅から地下鉄 District ラインで Hammersmith 駅経由でピカデリーラインで戻るのがオーソドックスである。古本屋で本を買いすぎたとき、A3 のコピーが重すぎるとき、B ＆ B のオーナーに頼んでタクシーを予約してもらうというのが 1 つの方法。学生であれば、391 番バスか R68 番バスで Richmond 駅まで出て、490 番バスでヒースロー空港ターミナル 4 まで直行するのが安上がりである。1 時間かかるが重たい荷物の上げ下げが少なくて済む。下記のホームページに時刻表やルートが載

っている。Richmond 駅周辺のホテルならば、空港から宿泊先までの往路復路で 490 番バスの利用を試みられたい。本数も 10 分に 1 本と多い。Richmond 駅から Feltham（フェルサム）駅まで行き、そこで 490 番バスに乗る手もある。Feltham 駅では反対側プラットホームから出て左側がバス停である。バスは大きな荷物を持ち込めないとの規定で定められているが、今まで乗車拒否にあったことはない。

　Waterloo 駅から Feltham 駅までは本数が多い。平日夕方は 1 時間に 6 本から 8 本運行されている。手荷物が重ければ、Feltham から空港までタクシーという手もある。

https://www.tfl.gov.uk/

　2018 年 3 月 20 日に Angels Cars に電話で予約したが、Kew からターミナル 4 まで 17 ポンドという料金であった。電話番号：0208-740-0400 メールで申し込むこともできるので、ホームページで確認されたい。チップ込みで 20 ポンドと考えておけばいい。

http://www.angelscars.co.uk/

info@anelscars.co.uk　電話番号：02087-400-400

　名前、人数、空港名とターミナル、何時に到着したいのか、B＆B の住所。B＆B の電話からかけてもらうと到着すると電話が入る。少し早めに来るので、B＆B の玄関ドアを開けると待機している場合が多い。Uber との価格競争でタクシーの料金が下がっている。

TNA の食堂

　TNA の食堂は The Dining Room と Espresso Bar がある（The Balcony というのが新たに誕生し、1 階の START HERE の真後ろにある。飲み物と軽食）。前者は 8：30 ～ 2：30 で、火曜日、木曜日は 2：45 まで。Salad Bar は 3.80 と 4.95 ポンドの 2 種類。日替わりランチ（6.70、4.75 ポ

ンドの 2 種類）がある。スープ「Soup Station」は 2.20 ポンド。後者の
Espresso Bar は 8：00 から 4：30 で、火曜日と木曜日は 8：00 〜 6：30 で
ある。Filter Coffee（大）が 1.50 ポンド。アメリカン（大）は 1.95 ポン
ド。ココア（Hot Chocolate、大）は 2.45 ポンド。集中すると頭がつかれ
るので、ココアをおすすめする。サンドイッチやドーナッツも売っている。
朝食は BREAKFAST BAR があり 5 つ選べる「any 5 Items」が 3.40 ポン
ド（4.25 ポンドに値上がり 2018 年 3 月）で、7 つ選べる「any 7 Items」
が 4.10 ポンド（5.25 ポンドに値上がり）である。朝食は 11 時（10：30 と
書いてあるが、11：00 まで OK）までなので、10 時 45 分ごろランチ代わ
りに食べるという手もある。ベーコン、ソーセージ、目玉焼き、ポテト、
キノコ、焼きトマト、豆、フレンチトーストなど。トーストはトースター
で焼くことができる。コーヒーであるが、Espresso Bar の Filter Coffee
（大）を 1.5 ポンドで注文している。日本のコーヒーに近い味がする。分量
が多いが空気が乾燥しているので、水分を多めにとっても大丈夫。トース
トは 0.45 ポンド。野菜不足に陥らないためにも、焼きトマト、豆、キノコ
の 3 点は欠かせない。冷水は左の自動機器で無料。2017 年 9 月の価格であ
る。若い学生には Fish & Chips（金曜日の日替わりメニュー）にチャレン
ジしていただきたい。年配の方や若い女性は 1 回食べれば脂っこいので、
十分だろう。TNA のランチでも週に 1 回は Fish & Chips である。タルタ
ルソースがあう。

お薦め B & B

　http://www.kewaccommodation.com/ に設備やおおよその値段が示され
ている。連絡先のメールアドレスも書かれている。写真をクリックすると
住所とか Weekly Rate（ウィークリーレート）などが記載されている。
TNA の推奨する B & B なので安心で、徒歩圏の場所が多い。Self Cater-
ing の形式が多い。台所 OK のところと不可と半々ぐらいである。TV の有

無も半々ぐらいである。英語の勉強にはラジオで英語を聞くほうが聞き取りの練習になる。

英国国立公文書館 TNA に最も近い Patricia Kitchen さんの B＆B は大きな部屋は 2 人でも宿泊可能。トイレ・バスは共用。台所と電子レンジは使用不可になっていた。猫好きで、おしゃべり大好きなので朝食を食べながら、雑談することができる。ご主人はロンドンオーケストラのバイオリン演奏者。ホームページで確認したら、一泊 40 ポンドとのことであるが、まさに文字通りの B＆B で手作りの朝食がサービスされる。歩いて 30 秒。

Alicia Fraser さんの B&B はウィークリーレートがあり£140 である。テレビ、電子レンジ、ポット、マグカップ、皿、スプーン、フォークが備えられており、鍵を渡される。歩いて 3 分でここもおすすめできる。TV も完備。浴槽つきシャワー。タクシーを手配してくれる。食事は出ない。比較的大きく、きれいな部屋なので女性向き。出張で不在時にはお手伝いさんが対応する。メールの対応などすべてにきちんとしている。初めて B＆B を利用されるときには、食事はないが、Alicia Fraser さんの B＆B をおすすめする。特に美しい部屋を希望する女性におすすめ。

Nicola Legat さんの B＆B は Kew Retail Park の入口近くでこちらも近い。電子レンジ、トースター、小さい冷蔵庫が共用。ウィークリーレートがホームページに示されている。長期滞在を望まれているのだろう。トースターは部屋を出たところにあり、焼きすぎると火災警報器が鳴るので少しずらして利用すること。猫が部屋に入ってくる。TV がある。

Gilliam Towers さんの B＆B は 2 階に 3 部屋ある。部屋は 3 部屋それぞれ大きさが違う。自分でトースターを使うというやり方。1 部屋（小さな部屋）だけトースターがなく、電子レンジで食パンを焼いて食べた。1 週間 145 ポンド。ダブルとトリプルは 1 週間 250 ポンド。

Juliet Latham さんの B＆B は台所が大きく、何でもかんでも自由に使える。料理好きの女性の利用者も多い。1 か月から 2 か月という長期の利

Ⅱ　ヨーロッパ（英　仏　独）

用者が多い。台所が自由に使える。1週間150ポンドから。

　C. M. Thomas さんの B & B（64 Defoe Avenue）はアーカイブまで徒
歩2分である。Self Catering のやり方で小さな台所があり、自由に使わし
ていただける。ガス、オーブンも OK。台所は朝昼晩自由に使える。冷蔵
庫はスペースが割り当てられる。電子レンジ、電気湯沸かし器、食器があ
る。部屋は小さいがベッドは2つあるので、2人で宿泊も可。机は1つで
スペースは狭い。料理ができるので、料理が好きな女性研究者（特に学生）
におすすめしたい（部屋に荷物、本が置かれている）。1人で宿泊する場合、
1週間110ポンド。1日25ポンド。ネットはランケーブルと無線ランの両
方が利用できる。玄関のカギはオートロックで閉まる。上下2段式である。
部屋に洗面器がある。シャワーとトイレは同じ階にある。台所が OK なの
で、1か月、2か月の長期滞在も可能である。お話し大好きなので、英語の
勉強もできる。TV はない。1部屋が B & B でもう1部屋が長期で部屋を
貸している。

　1週間単位で前払いする。皿などは食べたらすぐ洗う。時差の関係で早
寝早起きになりすぎるので、その点注意。住所はホームページとメールで
確認し、google map でプリントアウトしていくこと。停電などで電車が止
まることも想定して携帯電話番号（国際ローミングで81も）などを先方に
知らせておくこと。また B & B の電話番号は手帳に控えておくこと。鍵を
渡され、出入りは自由である。鍵は上下二段が多い。朝食であるが、自分
でパンなどを買ってきてトーストで焼くタイプとパンなどは提供されるが
自分で焼くというタイプ、食料は自分で調達し朝と夕方に台所を自由に使
って調理するタイプ、朝食付きの文字通りの B & B のタイプがある（料金
は高くなる）。1週間単位でいろいろな B & B を体験するのがいいだろう。
メールで問い合わせをして、空き状況が返ってくる。安い Weekly Rate の
B & B は予約が多いし、長期滞在型もなかなか取れない。電子レンジ（Mi-
crowave）、トースター（Toaster）、湯沸しポット（Kettle）、小型冷蔵庫

（Fridge）があれば、大丈夫。食器（China、Crockery）は置いてある。タオルも提供されるが、私はバスタオルを持参する。上履きかスリッパも持参したほうがいい。ネットは完備されている。台所 Kitchen であるが、自由に使わせてくれるところと、そうでないところに分かれる。部屋で簡単なパンを焼いて食べるという Self Catering が多い。できれば食パンをテスコか M ＆ S で買ってきて、バター、ピーナッツバターか蜂蜜で朝食をすますのが気楽でよい。電子レンジ用の料理もいろいろ販売されている。水は 1.5 リットル、2 リットルのペットボトルをテスコで買うのをすすめる。Still Water にすること。冷蔵庫があれば、牛乳（whole milk がいい）も買うこと。果物はバナナ（1 本 22 セント、1 房 1 ポンドぐらいの値段）、リンゴ、ミカン、パイナップル、トマトがテスコとか M ＆ S で購入可能である。チーズも国際色豊かであるが、私のおすすめのチーズは Normandy Brie である。野菜は日本より値段が高いが、乳製品とパンは安い。電子レンジ用の食材も多い。長粒米（電子レンジ用、味付けがしてある）が店に並んでいる。日本から電子レンジ用の米を持参するとか、お餅を持っていくのがよい。カップラーメン、インスタントカレーも助かる。

　到着日、ヒースロー空港の到着時刻はお知らせしておくと、到着時刻を先方が推定してくれる。夕方到着便は入国審査で込み合い並ぶため、時間が 1 時間ほどかかるということを想定しておきたい。

　The British Library の利用が多い研究者には、London School of Economics の寮を利用する手がある。ホームページで確認されたい。http://www.lsevacations.co.uk/Home.aspx#sthash.2olgQUDh.dpbs

　徒歩圏に位置するのが下記の寮である。この寮は人気がない方なので、予約できる。学生であれば、ユースホステルも経験しておくべきである。

Carr-Saunders　　18-24 Fitzroy Street, London, W1T 4BN

＋ 44（0）20 7107 5888

Ⅱ　ヨーロッパ（英　仏　独）

　北園ハウスは一軒家を部屋単位で借りることができるので、学生 3 人とか 4 人で利用する場合、ぜひ選択肢として考慮していただきたい。台所、洗濯機が自由に使えるのは助かる。1 月、5 月、9 月、10 月は予約でふさがっている。春休みの 3 月（日本よりも寒い）、夏休みの 8 月と 9 月上旬はネットで調べて、メールでコンタクトをお取りいただきたい。共同のキッチンがあり、すべて日本語で用を足せる。Victoria 駅から Norbury 駅。TNA の場合、Norbury 駅→ Clapham Junction → Richmond → Kew Gardens（地下鉄）もしくは Kew retail park（R68 バス）。Norbury 駅であるが、Victoria 駅行きと London Bridge 駅行きの 2 通りで市内に出ることができる。TNA に行く場合は Clapham Junction 駅で乗り換える必要があるが、3 ～ 6 番が乗り降りするプラットホームである。Clapham Junction 駅は大きな駅なので、どのプラットホームなのか行先をしっかり確認されたい。また乗る電車によっては Richmond に行かないので注意がいる。必ず初めて乗る場合には、路線を地図で確認されたい。Richmond 駅には行くが、ぐるっと回る環状線で行くと時間がかかる。慣れれば簡単だが、最初は戸惑うだろう。Clapham Junction の発音だがアクセントを付けながら発音するので、英語の発音の訓練になる。Feltham の発音も難しいので、英語の発音練習も兼ねて駅名をきちんと発音できるように特訓されたい。

　http://www.kitazonohouse.com/

　国鉄の乗り継ぎは下記のホームページで。Clapham Junction 駅から Richmond 駅に行くのは何番線の何行きに乗ればいいのか確認できる。最初の時に確認しておけばよい。

　http://www.nationalrail.co.uk/times_fares/ldb.aspx

15 Imperial War Museum Research Room （帝国戦争博物館リサーチルーム）

http://www.iwm.org.uk/collections-research/research-facilities

リサーチルーム閲覧の申し込みは下記まで。予約が必要。最初の日だけ予約を入れ、次回いつ来ると言えばよい。All Day にしておくか、午前中と午後に分けるか、選択する必要がある。

https://iwm.altarama.com/reft120.aspx

The Research Room is open Mondays-Thursdays from 10.00am to 1.00pm and 2.00pm to 5.00pm, and no readers' tickets or other forms of identification are required. If you are booked in for both sessions you will be required to leave the Research Room between 1.00-2.00pm.

どのような資料が見たいのか詳細に書くと、翌日か翌々日に資料の有無の返事がアーキビストから返ってくる。英国国立公文書館にあるので、そちらに行くべきだとか、ほとんどないとか返事が返ってくる。

午後1時から2時までは全員が閲覧室から退出することになっている。ランチを食べに外に出てもいいし、展示を見学してもいい。1時間を有効に使うために、大英図書館に移動して資料を請求して、舞い戻ることも可能である。

Richmond 駅からの行き方

Richmond 駅からの行き方であるが、一番早いのは、鉄道 SOUTH WEST LINE の各駅（Stopping service）、準急（Semi-fast service）、快速（2駅に停車）に Plat 2 から飛び乗り、Waterloo 駅まで行くのが早い。快速であれば20分である。Oyster も使える。地下鉄 District Line と同じ改札で右側が Plat 2 である。Waterloo 駅から Richmond 駅への戻り方であ

Ⅱ　ヨーロッパ（英　仏　独）

るが、慣れれば簡単だが、Reading 行きか Windor 行きに乗ればいいと覚えておく。掲示板に「Fast to Richimond」が掲示されているので、何番線から乗るのがいいのかわかる。向かって右側のプラットホームから発車する。プラットホームは何番に入るか決まっていない時と、決まっている時間帯がある。Junction では乗り場が決まっているので、駅名が書かれた掲示板を見て、指定のプラットホームに行けばよい。日曜日は工事とかで運休になるし、故障とかで遅れたり、運休になるケースが多い。1 時間遅れは覚悟しておくこと。

　Waterloo 駅からは徒歩 15 分ぐらいである。Waterloo Road に出て、右に向かい、Baylis Road を右に歩けば、地下鉄 Lambeth North 駅がある。Lambeth North 駅には喫茶店 Costa があり、ここでコーヒーを飲んで時間を調整すればよい。Waterloo 駅の出口は 2 階層になっているのでわかりづらいが、改札を出て左側から出るか（59 番バスは下がりながら直進）、マックの看板のある出口から下に階段かエスカレーターを下がればよい。Waterloo Road に出ればバス停の地図があるので、現在地を確認して、歩けばよい。トイレは 30 ペンスで改札を背にして左側である。

　帰りであるが、時間があれば Waterloo 駅まで戻り鉄道 South Western Railway で Richimond 駅まで戻り、District Line で Kew Gardens 駅まで行くのが早いし簡明。R68 バスでもよいし、391 番バスでもよい。

　HIKARI というレストランがあるが、平日のランチ Bento が、5.99 ポンドである。トンカツカレーは 7.5 ポンドであるが、日本料理の味付けでおいしかった。アサヒビールとキリンビール、青島ビールもある。Waterloo 駅に近い Lower 通りに沿って、小さな料理屋・レストラン・露天の食堂が並んでいる。韓国料理の POCHA はランチが 6 ポンドで 10 種類のランチメニューは豊富である。

　観光も兼ねるなら、地下鉄 Westminister 駅からテムズ川を BIG BEN を後ろにして渡り、歩いて行ける。地図を持って歩けば、House of Parliament や Big Ben の時計を見ながらテムズ川を渡るのは、楽しい。London Eye の観覧車が前方左手に見える。バスでも歩いても、反対方向に歩けば、Charing Cross 駅や Leicester 駅（古本屋）、Piccadilly Circus 駅（Japan Centre がある）まで行ける。バスは行先の駅名とバス番号がすぐわかるように表示されているので、それに慣れれば、バスに飛び乗りどこでも自由自在である。5 分から 10 分に 1 本間隔で運行されているので、とても便利である。

　Waterloo 駅のバス乗り場は 3 箇所に分かれているので、バス乗り場を地図で確認すること。同駅は上下 2 層構造なので、最初はとまどう。プラットホームは 1 つしかないのでわかりやすい。

　South Western Railway は地下鉄の Zone（within the London region）は、Oyster カードで乗ることができる。切符を買わずに飛び乗れるのがいい。

地下鉄 Lambeth North 駅からの行き方

　地下鉄 Lambeth North 駅まで。エレベーターで地上に上がる。そこから歩いて 7 分ほど。Kennington Road を直進して、表示に従って、Lambeth Road の左に折れれば、IWM の建物が目に入ってくる。15 インチ砲の巨大な雄姿が目に入る（裏表紙の写真）。大英図書館からは 59 番バスに乗って Lambeth North 駅に向かうこともできる。Kennington Road で 59 番バスに乗り降りすればよい。ロンドンの中心地を走るので、私はバスの 2 階に乗り込み、風景を楽しんでいる。大英図書館と帝国戦争記念館を結ぶのが 59 番バスである。

　10 時から 6 時までが展示で、Research Room は月から木までの平日の 10 時から 5 時までで事前にアポが必要。金曜日、土曜日、日曜日は閉室である。地上階 G を 2 つ上がった 2 階にある。ロッカーは 1 ポンドで、使用後返却される。デジカメは不可。カバンはロッカーに入れなければならな

Ⅱ　ヨーロッパ（英　仏　独）

い。パソコンは持ち込み可。英国国立公文書館が休みの月曜日に資料をながめることになる。

USER REGISTRATION に名前や住所、電話番号、メールアドレスなどを鉛筆で書き込む。そしてサインして出す。

簡易検索と詳細検索ができる。詳細検索で時期を特定しないといけないが、速度が遅いうえに、絞り切れずヒット件数が多くなる。本、写真、録音。写真とインタビュー記録が多いので、これらを巧みに回避しながら資料にアクセスする慣れが必要である。最後「Last」から資料を眺めると、個人ペーパーや回想記が出てくる。ここにはインチキな写真はないと思えるほどよく選択されている。思わぬ記録が出てくるのでぜひ訪問されたい。写真のコレクションは圧巻。個人のメモや日記も思わぬものに遭遇する。研究者ははじめに出てくる写真のコレクションやポスターを巧みに回避して、資料を捜すこと。個人の資料は個々に検索するようなシステムに変更されていた（2018 年 3 月には個人文書もヒットしてきた）。こころない利用者がいるのだろう。日本の防衛研究所戦史部に寄託された日記が、ご遺族の心情に配慮しない、心無い研究者のために閉鎖されたのとおなじように！　刊行された本であれば 10 分ぐらいで机まで持ってきてくれる。

Research Room の検索画面でキーワードもしくは Copy Number（オンライン）から特定し、それを「DEPARTMENT OF PRINTED BOOKS」（請求用紙）に記載する。資料であれば、「DEPARTMENT OF collections」に書き込む。スタッフが割り当てた座席番号を書く必要がある。英国では座席番号というのが、資料の受け取りに必要になる。Main Classification と Accession Number（Copy Number（オンライン））は検索画面から拾って記載する。Title、日付、名前。当日閲覧できない資料もある。当日資料請求しても出てくる資料もあるので、資料請求されたい。

身分証明書は要求されないが、事前にメールで申し込む必要がある。事前予約は初日だけで、明日来るとか、来週月曜日に来ると言えばいい。資

料を次回見たいとか、終わりましたといって、デスクの方に言えばいい。1
点返却すると次の資料を渡してくれる。

「Museum Café」は1階にあり、観光客で混んでいる。ここでランチを
注文できる。

過日受け取ったメール IWM Collections Enquiry Service［iwm@refer-
ence-service.info］を掲げておく。事前に閲覧したい資料を伝えておくと
よいということだろう。

I am delighted to confirm that I have made the necessary appointment
for you. However I would be very grateful if you could check our on-
line catalogue and bring a list of items you wish to view and we will or-
der them for you. An idea of our holdings can be gained in advance of
your visit by consulting the 'Collections Online' facility on the Muse-
um's website http://www.iwmcollections.org.uk/qryMain.php.
It will also be possible for you to select and order additional items using
our catalogues. The staff on duty in the Reading Room will be pleased
to explain the use of the catalogues, and how to fill in the necessary
requisition forms.

ここのリサーチルームは平日しか開いていないが、隣にある EXPLORE
HISTORY には開架式で基本的な本が配架されている。配架式の書棚で基
本的な文献をながめるのは、案外勉強になる。

コピー、デジカメ撮影、後日複写

以下の英文を読まれたい。10ポンドでデジタルカメラで撮影できるよう
になり、その代り、委託コピー制度はなくなったと書かれている。2017年
9月現在。シャッター音は Silent にすること。Level 0 の I-Desk で 10 ポン
ド払い、「Photo Permit 1 day」を入手すればよい。

Ⅱ　ヨーロッパ（英　仏　独）

We do allow photography and a photography permit can be purchased from the information desk on Level 0. This allows you to take digital photographs for personal non-commercial uses and other 'fair dealing' copying purposes as outlined within the Copyright Designs and Patents Act 1988 (as amended and revised). Cameras MUST be in silent mode and the flash switched off. No tripods, stands or scanners are permitted. Photography may not be allowed in cases where it may damage the original item. The price is £10 for a full day permit. Further details are available from the Librarian on duty in the Research Room. We will no longer be accepting photocopying orders in the Research Room.

Once you arrive at the Museum please make your way to the Research Room on Level 2. Bags are not permitted in the Research Room but there are lockers available outside. These take £1 coins (refundable) and we do not provide change.

【フランス編】

16　Lewarde の炭鉱博物館

パリから Douai への行き方

　パリ北駅から Arras を経由して Douai に乗り換えなしで 1 本で行ける。1 時間ぐらいで行ける。フランスではユーロレイルパスを利用したので、10 ユーロ払い 1 等席を予約した。パリ北駅からだと Valencienne 行きに乗れば、1 本であった。Lille 乗り換えと思ったが、1 本で行けるのは助かった。Lille-Douai 間も運行されている。ドイツだと時刻表を印刷してくれるが、フランスではしてもらえない。乗り場プラットホームは当日 15 分ほど前に

電光掲示板に示される。ドイツと異なり、フランスでは座席の予約を入れたほうがいいと思った。

Douai から Lewarde へのバス

　Lewarde と Douai はバスが1時間に4本ほど運行されており、Aniche地区の AZINCOURT 行に20分乗ってバス停「Place Des Vesignons」で下車し、それから歩いて1000メートルで、20分ぐらい。炭鉱博物館の標識を頼りに歩けばいい。Douai 市内にはバス乗り場が何か所もあるが、一番大きい「Place De Gaulle」乗り場もしくは「Place Carnot」から A 系統バスに乗り込めばいい。Lewarde には2つの駅があるが、最初のバス停「Place Des Vesignons」で下車してバスの進行方向を20メートルほど歩き、右側に行く道を、10分ぐらい標識に従って歩けばいい。300メートル先に入口という表示がある。バス 115 も走っているようだが、本数が少ない。バスの切符の買い方であるが、10回の乗り切符を Douai 駅を出て右側の観光センターで買うのが簡明である。バスに乗り込むときに購入したカードを通すと印字されるというシステム。観光センターでは A 系統の時刻表「LINGE A」（ANICHE-DOUAI）をもらうこと。バス路線図も入手すること。観光センターではフランス語しか通じないが、身振り手振りと地図を示しながら意思疎通すればよい。10回分の切符（Carnet　カルネ　回数券）を黙って買えばいい。バスに乗るときに通すと、時刻が印字される。10回まで OK。往復するだけなら乗車前にプラットホームで購入してもよい。わかりにくいので、片道でも、往復でもいいだろう。Place De Gaulle 駅で下車するとき切符を購入しているかどうかチェックしていたので、切符は乗る前に販売機で買わなくてはいけない。フランスはパリだけでなく地方都市でも10回の回数券カルネという切符が普及している。2日行くならカルネを買うのが簡明。

　観光センターの開館時間が限られているので、閉館時には開館時間がド

アに書かれているので、それを確認すること。駅正面のバス乗り場であるが、右に新しいバス停ができているので、そこで乗り降りするので注意すること。Douai 駅の中に、小さな売店がある。切符売り場の他に、電車に関する Information がある。市内については出て右の観光センターに行くようにと言われる。同駅には時刻表が大きなパネルで示されているので、パリ北駅や Lille 駅行きの時刻を確認しておくとよい。電光掲示板で何番線に入るか、15 分前に確認する。Douai 駅には無料のトイレがある。また無線ランが利用できる。

時刻表は下記のサイトからダウンロードできる。時刻表「LINGE A」（ANICHE-DOUAI）はダウンロードしていくこと。115 番バスは帰りにたまたま来たら乗るということにして、徒歩でバス停「Place Des Vesignons」まで歩いて、そこから A ラインのバスで帰ること。

http://www.eveole.com/horaire/

地図はダウンロードしていくこと。カラーでプリントアウトして持参。

http://www.eveole.com/wp-content/uploads/2017/07/Evéole-Plan-de-réseau-2017.pdf

Lewarde の炭鉱博物館

http://www.chm-lewarde.com/en/

開館時間は夏場と冬場で違うので、上のホームページで確認されたい。夏場は午前 9 時からで、冬場は午後 1 時から開館である。冬場の日曜日や祝日は午前 10 時から午後 7 時まで。入館料は 12.5 ユーロである。

展示は映像フィルムが多いので、じっくり時間をかけてみて回ることができる。化石とか電気の発見と関係づけた展示など工夫している。戦前のポーランド人労働者、戦後のアルジェリア、モロッコなどからの外国人労働者の展示もある。炭鉱とスポーツの結びつきの展示も面白い。

アーカイブ資料室は平日のみで 4 時に閉まる。事前にアポを入れたほう

がいいだろう。玄関を入って右側である。英語の書籍があるほか、フランスの調査報告書があり、英語の要約がついているものもある。私は調査報告書が売店に売っているとは知らずにデジカメ撮影したが、翌日売店に並んでいたので購入した。英語の要約があるので、概要がわかり、助かる。

展示も見て回ると面白い。18世紀から閉山までのフランス北部の産炭地の変遷がよくわかる。ツアーもあり、英語の音声のガイドを耳に当てながら同行できる。時代ごとの採炭技術と運搬方法の変遷が説明されている。ツアーには英語の音声ガイドを持ちながら、参加すべきである。音声ガイドは操作が簡明でわかりやすい。

食堂もあり、フランス北部の料理カルボナード（牛肉のシチューとポテト）はとてもおいしかった。

http://www.chm-lewarde.com/en/our-services/le-briquet-restaurant/

売店ではコーヒーを飲んだり、お土産を買ったりできる。

博物館付属資料館

THE MINING HISTORY CENTRE（資料館）下記のホームページにメールアドレスが掲載されている。英語かフランス語で事前にコンタクトを取るとよい。平日の午前9時から4時まで。

http://www.chm-lewarde.com/en/the-mining-history-centre/

archive-and-documentary-resources-center/　　＋33（0）3 27 95 74 22

ドイツ占領下の資料はブリュッセルにあるとのこと。第二次世界大戦中の外国人労働者はポーランド人が大半を占めていた。第二次世界大戦後は、アルジェリアやモロッコから労働者が移動してきた。

ホテル・宿泊するところ

Lewardeには何もないので、Douaiのホテルに泊まるのがよい。私が泊まったのは下の通り。フランスのホテルはレストランを持っている。朝食

II　ヨーロッパ（英　仏　独）

も美味しかったし、部屋は採光にこまごまとした工夫がみられて、よかった。Place De Gaulle のバス乗り場が近いし、Douai 駅からも近い。

La Terrasse, Douai

　住所：36 Terrasse Saint-pierre, Douai, Node

　www.laterrasse.fr

　contact@laterrasse.fr

　TEL：03-27-88-70-04

　フランス北部の中核都市の Lille のホテルから通う手もあるだろう。Douai には教会があり、観光地として有名であるようだ。カトリックの教会が聳えている。観光地なので、食堂やレストランが多い。バスの路線が充実している。

〈パリアラカルト（パリのおまけ）〉

パリ北駅からロンドンへのユーロスターでの旅

　乗車券はパリ北駅のユーロスター切符売り場で買う。ユーロレイルパスを所有していれば、1 日分を使い、30 ユーロ払い座席指定すれば、2 等に乗れる。ロンドンまで 2 時間 15 分である。前日に買っても、当日に買っても、座席があれば 30 ユーロである。これは助かる。パリ北駅でエレベーターを上がって、ユーロスター乗場に行く。ユーロレイルパスは左側から入る。パスポートと入国カード（Border Force）を示す。入国カードは日本語版もある。英国への入国審査も搭乗時に行われ、滞在期間を聞かれ、どこに泊まるのか、目的は何かなどを質問される。滞在先に関して尋ねられたので、B＆B とかホテル名を答える。荷物を X 線の機械に通す。1 号車から 10 号車が前、11 号車から 20 号車が後ろ。

　時刻、切符のネットでの購入・手配は下記のサイトを参考にしてください。手配が早ければ安くなる。

　http://www.raileurope-japan.com/train-tickets/journeys/article/london-paris

パリ北駅、パリ東駅のホテル

　北駅と東駅周辺には格安ホテルが多い。エレベーターがないホテルもあり、荷物が重いと上の階まで運ぶのが大変である。朝食はきわめて簡単なもので、フランスパンを切ったものとバターと牛乳である。泊まるだけと割り切ること。TV は BBC などの英語放送はない。スタッフは片言の英語を話すので、後は身振り手振りで会話すること。親切なスタッフが多い。Expedia などのサイトでホテルを探す際には、レーティングとコメントを参照すること。

【ドイツ編】

17　ボーフム大学附属社会運動研究所とルール地域図書館

German Rail Pass の使い方

　ドイツの国鉄 DB はインフォメーションで長距離電車の発車時刻表をプリントアウトしてくれる。ローカル線は時刻表をくれる。例えばフランクフルトからベルリンに明日 8 時ごろ行きたいと言えば、8 時前後の ICE の発車時刻をプリントアウトしてくれる。何番線から出発すのかは当日 15 分とか 10 分前に電光掲示板に示される。2 等席は予約なしで乗ればいいが、予約している乗客が来れば席を譲らなければならない。2 等席の場合は予約せずに飛び乗ればよい。1 等席は予約がいる。予約するには追加料金が発生する。当日か前日に窓口かインフォメーションで使用開始日を事前に申告して、Validating Stamp を押してもらう必要がある。ICE では車掌が回ってきて、切符をチェックし、ジャーマンレイルパス（ユーロレイルパス）に搭乗日を記載もしくは打ち込む。パスポートの提示が要求される場

128

Ⅱ　ヨーロッパ（英　仏　独）

合もある。

　私の経験則であるが、ドイツでは予約する必要はないと思う。フランス
では予約したほうが無難。TVG は予約が必要。フランスでは満席だと乗
れない場合がある。ドイツでは満席であれば、乗り口のドア周辺に胡坐を
かいて座ればいい。ドイツからユーロレイルパスで国境をまたいでフラン
スに入る場合、指定席の予約をしておかなければいけない。しておかない
と車内で料金が罰則として加算される。ドイツ国内では予約は不要である
が、もちろん座席指定料を払い予約してもよい。ユーロレイルパスであれ
ば、一等でも二等でも予約料金は同じである。ドイツの ICE はインターネ
ットがつながる。ドイツは鉄道網が発達している。DB の列車時刻は下記
で検索できる。

https://www.bahn.com/en/view/index.shtml

ボーフムの地下鉄

　ルール地方の中核都市で、地下鉄網が充実している。DB も止まる。

http://www.mapametro.com/wp-content/uploads/2014/09/bochum-map-
metro-2.png

http://www.mapametro.com/wp-content/uploads/2014/09/mapa-metro-
bochum.png

　ルール大学ボーフムの英語版のホームページは下記の通り。

http://www.ruhr-uni-bochum.de/index_en.htm

　DB の電車は下記で検索できる。

https://www.bahn.com/en/view/index.shtml

　ボーフム中央駅のトイレは 1 ユーロである。「Rail & Fresh WC」

ボーフムのホテル

　ボーフム中央駅から近いのが下記のホテルである。朝食が素晴らしい。

129

IBIS Bochum Zentrum

IBIS ホテルはドイツとフランスのチェーンホテルで、様々なランクがあるようだ。

下記のホテルは少し安いようだ。

White House Bochum Ehrenfeld

フランクフルト中央駅で泊まるホテルは東横インがいい。駅から近いので助かるし、日本語で対応してくれるので助かる。

ボーフム大学附属社会変動研究所とルール地域図書館

ボーフム大学（The Ruhr-University of Bochum）附属社会運動研究所（Institute for Social Movement）の文書館とルール地域図書館から成っている。

House for the History of the Ruhr のホームページは以下の通り。

http://www.isb.ruhr-uni-bochum.de/

同じ建物（Haus der Geschichte des Ruhrgebiets〈House for the History of the Ruhr〉に2つの図書館・文書館が同居している。

○ Library of the Ruhr

○ Archive for Social Movements

ボーフム駅から歩いて行ける。それが簡明。左回りでも右回りでもどちらでも行ける。下記の地図で確認されたい。Google Map をプリントアウトしていくこと。

http://www.isb.ruhr-uni-bochum.de/mam/images/afsb/flyer_archiv_.pdf

大きな通りを歩くならば、大学通り→Oskar-Hoffmnn 通り→クレメンス通り（353番、354番、365番バス）

線路沿いに歩くならば、（大学通り→）ヘルマンスヘーエ通り→クレメン

130

Ⅱ　ヨーロッパ（英　仏　独）

ス通り。

　繁華街方面から歩く場合には、226 →ブリューダー通り→コルトゥム通り→ケーニッヒスアレ通り→クレメンス通り。（別法　226 →ビクトリア通り→ケーニッヒスアレ通り→）（CE31 番バス、SB37 番バス）

　無線ランはないが、ランケーブルを貸してくれる。閲覧室で下からコードで PC とつなぐというやり方。館内閲覧は自由で入館証のカードを作る必要はない。ロッカーは階段下の階にあり、ロッカーの鍵とビニール袋を貸してもらう。ロッカーの部屋が真っ暗なので、部屋に入って右側にスイッチがなかなかわからない（一緒に行き、教えてもらうのがよい）。開架式と閉架式の書庫がある。開架式は書籍を手に取ってみることができる。

　CE31、SB37 のバスでボーフム中央駅（Bochum Hbf）に行くこともできる。私は帰るときに Schauspielhaus バス停から 1 度乗車した。区間で運賃が決まるようだ。搭乗時に 1.60 ユーロを運転手に払った。1 時間に 3 本あり、乗客が案外いる。運転手にどこで降りるのか、告げ、そして 2 ポンドを台の上に載せて、お釣りと搭乗券をもらう。ボーフム駅の IBIS ホテルの近くで下車できる。CE31 は 1 時間に 3 本運行され、毎時 4 分、24 分、44 分の 20 分間隔で停車する。土曜日と日曜日は 1 時間に 2 本である。SB37 は 1 時間に 1 本で 6：43 の始発から 1 時間間隔で平日と土曜日に走っている。歩くのがいいが、1 度はバスで往復するのもいいのではないでしょうか。ボーフム中央駅から Oskar-Hoffmann 通りに面した Schauspielhaus バス停で下車することも可能で、353 番バス、354 番バス、365 番バスに乗ればよい。私はバスに乗らずに歩いた。

　ボーフム大学附属社会運動研究所と同じビル（Haus der Geschichte des Ruhrgebiets ルール地域資料館）に入っている Bibliothek des Ruhrgebiets（ルール地域図書館）

ボーフム大学社会運動（変動）研究所

Institut für soziale Bewegungen のドイツ語と英語のホームページは下記の通り。

http://www.isb.ruhr-uni-bochum.de/isb/index.html.de

http://www.isb.ruhr-uni-bochum.de/isb/index.html.en

住所は以下の通り。

Clemensstr. 17-19

44789 Bochum

開館時間は平日の午前9時から午後6時まで。訪問前にメールで事前に連絡しておくとスムーズに捗る。閲覧室の方は親切で助かる。

資料検索画面は下記の通り。

https://bdr-prod.sbr.ruhr-uni-bochum.de/F?func ＝ find-b-0

お昼のランチ

ブリューダー通りとコルトゥム通りまで歩き、ここでランチをとればよい。

BochumTeller（ソーセージのブツ切りとポテト）の立ち食いのお店で8ユーロで食べたが、量が多かった。トルコ系の Kebab の店もある。ボーフム駅まで行けば、マクドナルドもある。レストランが並んでおり、昼間からビールを飲んでいる。夏場の夜にはレストランは満席になる。ワインとビールにあふれたドイツの豊かさを実感できる。

18　ザクセンハウゼン博物館（強制収容所）とユダヤ博物館

THE SACHSENHAUSEN MEMORIAL AND MUSEUM のホームページは下記の通りである。

http://www.stiftung-bg.de/gums/en/

Ⅱ　ヨーロッパ（英　仏　独）

http://www.stiftung-bg.de/foerderverein/fuehrungen/en/

行き方

ベルリン中央駅からオラニエンブルク（Oranienburg）駅へ

　RE5（Stralsund/Rostock 行き）を利用する場合は、ベルリン中央駅から25 分。中央駅の Information で（Oranienburg 行きの）時刻表（Rostock 行き）が入手できる。1 時間に 1 本ぐらい運行されている。ABC 切符。帰りは RE5（ベルリン中央駅、ベルリンポツダムプラザ経由 Wunsdorf Waldstadt 行き）に乗ればよい。電光掲示板がプラットホームにあるので、それで確認すること（Information で聞くのはいいが、外国人と思われる見知らぬ人に聞くのはいい加減な出鱈目を言うので聞かないこと。自分で確かめること。ドイツもフランスもイギリスも同じ）。

　S1（S bahn　Wannsee to Oranienburg）を使う場合は、Friendrich Strasse 駅まで移動して、同駅から 45 分。Oranienburg 駅から歩いて 20 分〜 30 分なので、歩くのが簡明。運よく 1 時間に 1 本ほど運行されているバスに遭遇すれば、乗り込めばいい。

　804 番バスは 8：19 分着 23 分発の始発から 1 時間間隔で運行されている。Melz 行きに乗り、Gedenkstratte で下車すればよい。土曜日と日曜日は 9：19、11：19、13：19、15：19、17：19 と本数が少ない。821 番バスは本数が少なく、11：55、1：55、2：55、3：55、5：00 発の Tiergarten 行きに乗車して、Gedenkstratte で降車。

　DB の時刻はネットでも検索できる。下記「ベルリン中央駅」をご覧あれ。

ベルリン中央駅

　ベルリン中央駅は 3 階建てになっており、何が何だかわからないので、最初は Information に行き、どこどこに行きたいと伝えて何番線で乗るの

か聞くのがいい。地下鉄であれば1日乗車券を買うのが手っ取り早い。時刻表も Information で入手できる。地下鉄が最上階の上を走っていることを理解すること。中央駅にはマクドナルドもある。中央駅で朝食 Big Breakfast を注文して食べたが、分量はほどほどだった。中央駅構内には寿司 tokio がある。ここで電車の中で食べる寿司を買ってもよい。ついでに Still Water も買うこと。DB の列車の時刻表（英語）は下記で検索できる。駅の名前を入力すればいい。

https://www.bahn.com/en/view/index.shtml

オラニエンブルグ駅からザクセンハウゼン博物館（強制収容所）へ

オラニエンブルグ駅（同駅にはマックがある。駅を出て右側に歩けばよい。正面がバス乗り場）を出て Stralsunder 通りを右側に直進する。右に鉄道が走っている交差点で道路（Bernauer 通り）を渡り、それから鉄道線路の下を歩く。この Bernauer 通りをまっすぐ直進して博物館の看板が見えたら、左折（Strasse der Einheit 通り）して、直進する。看板に従って右方向（Strasse der Nationen 22 右側へ行く道も二股になっているが右側）に進めば入口らしき壁が現れる。バス（804 と 821）もあるようだが、徒歩圏である。バスに乗る必要はない。施設は、広い敷地で、ナチス時代の強制収容所とソ連時代の収容所がある。ソ連時代の収容所は遠いところにある。展示は点在しており、SS などの犯罪を暴いている展示もあるし、人体実験の展示もある。館内で簡単な昼食をとることもできる。トイレも近くにある。展示の量が豊富なので、1日要する。ソ連時代の収容所も忘れずにじっくり見て回ろう。アウシュビッツまで行かなくても、ベルリンでこのような施設をじっくり見学できるのは、私にとって勉強になった。Oranienburg 駅からベルリン駅への乗り場が何番線なのかわかりづらい。人が多いホームから乗り込む。早めに到着しておかないといけない。DB の RE5 でベルリン中央駅にもどる。地下鉄 S1 で行くこともできるが時間が

Ⅱ　ヨーロッパ（英　仏　独）

かかる。

ユダヤ博物館

　ベルリン中央駅のホームで1日 Berlin AB 乗車券を買う。7ユーロ。これで地下鉄が1日好き放題乗れる。S5 で隣のフリードリヒシュトラーセで降りて、先頭の方まで歩き、地下鉄 U6 に乗る。Hallesches Tor 駅で下車。ユダヤ博物館と書いた出口を出て、直進して、次の角を右に折れ、大きな通りに面して渡り、左へ。ユダヤ博物館がある。入場料が8ユーロで、解説の音声が3ユーロ。音声は非常に良い。音声の説明はわかりやすい。音声機は ID（パスポートを提示）と交換というやり方。コンパクトな展示であるが、レベルが高い。ユダヤ人がどのように迫害されていったのか、WWⅠ、ワイマール憲法、ナチ時代という流れの中での出来事が描かれている。半分のユダヤ人が国外に出たことが記されている。パレスティナ、シオニズム運動、死の行進（ザクセン強制収容所）。ユダヤ博物館を出て、地下鉄 U6 でフリードリッヒシュトラーセに行き、S7 か S5 でベルリン中央駅に戻る。

Ⅲ　オセアニア・アジア
（豪　韓国　中国）

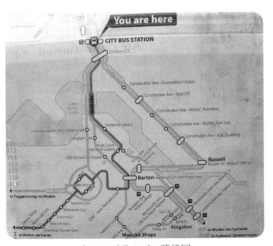

キャンベラのバス路線図

Ⅲ　オセアニア・アジア（豪　韓国　中国）

【オーストラリア編】

19　オーストラリアの首都キャンベラアラカルト
　　シドニーからキャンベラへ

　シドニーからの行き方であるが、シドニー経由で首都キャンベラまでセットで航空券を買うというのが普通であろう。シドニー国際空港は国際線と国内線に区分されているので、連絡バスで国内線に移動して、国内線でキャンベラ空港まで1時間である。

　シドニーから高速バスでキャンベラに向かうこともできる。到着したシドニー国際空港（Level 2 Airport Departures, International Terminal (T1), Sydney International Airport）から Murrays という遠距離バスに乗ってキャンベラまで行くことができる。キャンベラの City Hill の Jolimont Centre（住所は 65 Northbourne Avenue）に到着する。到着をしたビルを出て Northbourne Avenue を右側に歩くと Alinga St. であるが、City Bus Station の乗り場が左手に広がっている。ここで市内バスに乗り換える。荷物が多ければ、タクシーを拾い、ホテルまで行けばよい。Northbourne Avenue に沿って高級ホテルが並んでいる。3時間 15 分でキャンベラとシドニー国際空港（Level 2 Airport Departures, International Terminal (T1), Sydney International Airport）を結んでいる。1時間に1本運行されていて、本数は多い。運行時間であるが、キャンベラ Jolimont Centre 発は朝5時から午後7時までで、シドニー国際空港は6時 15 分が始発で、最終便が午後9時 15 分である。バスの予約も可能であるが、入国審査や手荷物の受け取りに時間がかかることを考えると、予約なしで飛び乗るのが気楽である。シドニーと成田の格安航空券とこの高速バスを組み合わせるのが安上がりである。

　キャンベラの Jolimont Centre の中には Dash という食堂があり、朝食も

139

取ることができる。コンビニ、トイレ、手荷物置き場もある。オーストラリア全土を走っている Greyhound の支店もこのビル内にある。

　シドニー国際空港からキャンベラ空港に到着した場合は、シャトルバス Airport Express でキャンベラ市内の終点 West Row まで行き、直進して 1 本目の Alinga St. を右折すると City Bus Station である。片道 12 ドル、往復 20 ドルで約 22 分かかる。Airport Express は 1 時間に 1 本走っている。時刻は下記のホームページで確認されたい。

http://www.canberraairport.com.au/travellers/parking-transport/buses-and-coaches-2/

　シドニー市内から鉄道という手もあるが、いかんせん本数が少なすぎる。

キャンベラ市内のバス

　首都キャンベラは人工のバーリーグリフィン湖 Lake Burley Griffin を挟んで Capital Hill と City Hill の両側に区分され、この 2 つの丘陵（Hill）を市バスが 2 つの橋（Commonwealth Ave と Kings Ave）を渡り、結んでいる。バスの路線図（137 頁参照）で確認されたい。City Bus Station にはバス乗り場 Platform が集まっている。City Bus Station を中心に首都キャンベラのバス路線は放射線状に運行されていること、平日と土日ではバスの番号が変わることの 2 点を押さえれば、なんとなく全体像がつかめる。Lake Burley Griffin の下側の橋（Kings Bridge）を渡る Green Line と呼ばれている基幹のバス路線には Route 4 と Route 5 があり 15 分間隔で運行されている。快速 Red Rapid の Route200 も Green Line と同じ路線系統である。City Bus Station の Platform 7 が乗り場である。オーストラリア国立公文書館に行くことができ、Kings Ave/National Cct（National Archives から徒歩圏内の Barton 地区）で下車する。反対方向は Kings Ave/National Cct からバスに乗り込み、Kings Bridge で湖を渡り、City Bus Station（Platform 5 で下車）で降りればよい。土曜日、日曜日は 938 番と

Ⅲ　オセアニア・アジア（豪　韓国　中国）

なる。キャンベラは官庁街なので、平日と土日では交通量が一変する。そ
れにあわせてバスの番号も変えている。Lake Burley Griffin の上側の橋を
跨ぐ Route 2 と Route 3 は Gold Line と呼称されており、この 2 路線も基
幹路線であり 15 分間隔で走っている。Platform 2 で搭乗し、降りるのは
Platform 5 である。このバスの運行経路は往路と復路でそれぞれ示すと

　　往路：City Bus Station → National Library → Kings Ave/National
　　　　　Cct → Parliament House → Woden Bus Station

　　復路：Woden Bus Station → Parliament House → Kings Ave/National
　　　　　Cct → National Library → City Bus Station

　オーストラリア国立図書館とオーストラリア国立公文書館に行ける。土
曜日と日曜日のバスの番号は 934 番、935 番になる。公文書館と国立図書
館の距離は歩ける距離なので、30 分ほど散歩しながら移動して、頭脳の疲
れを癒すのもいい。以上を読まれたら、下記でバス路線を確認すること。

　http://www.action.act.gov.au/timetables_and_maps/routes_by_number

　市内バスに乗るには My Way Card を手に入れる必要があるが、City
Bus Station の 9 番乗り場に隣接するコンビニ Relay/Hub Convenience
Store（2 Mort Street East Row の交差点）で購入できる。ここでカードを
買い、ついでに 20 ドルほど入金すればよい。10 回は乗れる計算になる。バ
ス料金だが 2013 年 8 月現在で、現金だと 4.2 ドルでこの Card だと半額の
2.1 ドルである。ここのコンビニはマクドナルドの横のコンビニと覚えてお
けばよい。East Row と Alinga St. の交差しているところである。City
Walk ＋ Petrie Plate のあたりは店も多く、巨大なモール Canberra Centre
Shopping Mall やスーパーもある。首都キャンベラの繁華街である。古本
屋 Bargain Books があり、午前 9 時半から営業している。

キャンベラのホテル

　キャンベラのホテルは総じて料金が高い。ユースホステルであるキャン

141

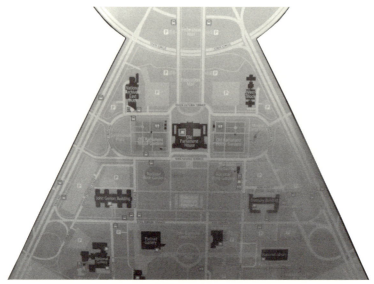

図表Ⅲ-1　オーストラリア国立図書館（右下）、国立公文書館（左上）の地図

　ベラシティ YHA（Canberra City YHA）やオーストラリア国立大学の学生寮（長期休暇中）を学生ならば最初にリストアップすべきであろう。ユースの4人の相部屋でも3500円から4000円である。
　39番バスを利用して、次のホテルも比較的安い宿泊代のようである。朝夕にはバスの本数が多いので、バスを乗り継いでオーストラリア国立公文書館や国立図書館まで行けばよい。Watson 地区にある。Ibis が一番安い宿泊料金のため売り切れのときがある。
　Red Ceclars Motel　　Canberra Carotel Motel　　Ibis Budget Canberra
　56、57、758、200番バスを使って University of Canberra Village を利用してもよい。Bruce 地区にある。

Ⅲ　オセアニア・アジア（豪　韓国　中国）

20　National Archives of Australia, Canberra （オーストラリア国立公文書館キャンベラ分館）

　住所は Queen Victoria Terrace PARKES ACT 2600 である。公文書館に到着したら、入館証を作る必要がある。PC に情報を入力し、その時に割り当てられた番号をスタッフに伝え、ID としてパスポートを提示すればよい。デジカメの持ち込みは、紙 1 枚に名前や住所を書き、渡せばよい。住所を証明する書類はいらない。

　資料の請求は PC で行うが、Login の名前とパスワードが必要。Login Name の名前は機械的に与えられるので、フロントでスタッフに教えてもらう必要がある。パスワードには自分の名前の綴りの一部は使えない。また 9 文字以上で大文字を 1 文字以上使わなければならない。

　請求する資料を特定して、請求用紙をプリントアウトして、それを渡すやり方。この際に Login 名とパスワードが必要になる。名前と登録番号が請求用紙に自動的に印字されている。資料請求は画面上の右端の「Issue to reading room」をクリックして、「Print」すればよい。閲覧室の中と外にそれぞれ 1 台コピー機があるが、閲覧室の中の PC の方が、性能がよく、速度が速い。

　カバンをロッカーに入れる際に、1 ドルコインが必要。これは裏側にコインの投入口がある。1 ドルコインへの両替はしてもらえる。4 人掛けの机と 1 人で占有するデスクがある。

　資料の中には、「NOT YET EXAMINED」があり、これは審査に 90 日（3 か月）かかるとのことであった。Request copy も日時を要し、2 ～ 3 週間かかる。資料請求は閲覧室に入る前に行ってもよいが、閲覧室に入室後に請求してもよい。Pull out Time が 1 日 2 回で午後 1 時と 3 時である。プリントアウトした用紙を投入するやり方で、何枚でも請求できる。メルボルン分館やシドニー分館やオーストラリア戦争記念館の所蔵資料もヒット

143

してくるが、キャンベラ本館では他館所蔵の資料は請求できない。所在する分館まで行くしかない。戦争記念館所蔵の資料は同じキャンベラ市内にあるので、バスかタクシーで移動して閲覧すればよい。メルボルンは遠すぎる。シドニーは高速バスで早朝出て夜帰るというハードな旅程だが丸一日かけて往復することもできる。狙っている資料が出てきたのなら若い学生ならばチャレンジすべきである。Pull Out は1日に2回しかないので、9時に一旦資料を請求し、国立図書館まで歩き、資料を請求し、また戻るか、戦争記念館まで足を延ばし、資料を請求し閲覧して、有効に時間を活用すればいい。

　デジタル化された資料の館内でのコピーは1枚0.7ドルと値段が高い。「これは」という資料だけにすべきだと思った。コピーせずに USB にダウンロードすれば、無料である。以下の方法で USB に取り込める。日本からアクセスして、ダウンロードすることもできる。USB は持参するのがよい。オーストラリア国立公文書館のデジタル文書のダウンロードの仕方はわかりづらいが、試みられたい。日本からでもアクセスしてダウンロードできる。いい資料がデジタル化されているので、大変ありがたいサービスである。

　Soda.naa.gov.au（http://soda.naa.gov.au/）にアクセスする。上の段の Barcode Retrieval（http://soda.naa.gov.au/barcode/）デジタル化された資料のバーコード番号を入力。すぐ右にある View をクリックする。向かって右から2つ目のアイコンをクリックすると

　Export PDF → Generating PDF → Save File → OK　　File System → Mnt をダブルクリック→ Sda1（画面上であらわれている USB の表示）をダブルクリック→ Save　　なお、バーコードは検索して調べる。

　http://recordsearch.naa.gov.au/SearchNRetrieve/Interface/SearchScreens/BasicSearch.aspx

Ⅲ　オセアニア・アジア（豪　韓国　中国）

食事をとる場所

　館内の Coffee Cart で、簡単なランチをとることができるが、値段が高い。疲れたときにはコーヒーとかココアを飲むこともできる。営業時間は 8 時から 4 時まで。コンビニで調達して、持参した方がいいかもしれない。

21　Australian War Memorial Research Centre Reading Room（オーストラリア戦争記念館リサーチセンター）

　簡単な登録が必要。名前、住所、e-mail、電話番号、目的などを書いて、登録ができる。番号が与えられる。机は 1 人用が 7 つと 6 人掛けが 2 つある。1 階下がって展示の奥の部屋が Research Centre である。

　ロッカーは 2 ドルコインを使用する。書架に配架された書籍はコピーできる。基本的なものが並び、勉強になる。公的な文書はデジタルカメラで撮影してもよい。

　公 文 書 Official Records の 場 合、Research Centre Request Slip に AWM Series と Control Symbol を記入する。Private Records は ID number を記載する。Published Collection の場合は Call number を記入する。桃色のスリップである。机の番号の割り当てはなく、カウンターに届いた資料を取りに行くやり方である。請求後カウンターの後ろの棚に 15 分から 30 分後に届く。棚に届き、スタッフから渡される。棚は名前（MIWA の M　アルファベット順）で管理されている。

　平日は 10AM ～ 5PM が開館時間で、土曜日は 1PM ～ 5PM である。資料は 4：15 までに請求する。スタッフは親切である。クリスマスだけが閉館で、ロンドンの帝国戦争記念館 IWM と同じように 1 年間を通して開館されている。

食事をするところ

Café は館外と館内にそれぞれある。外にある Poppy's Café の営業時間は 8.30AM 〜 4.30PM である。The Landing Place は館内にあり、10：30AM 〜 4.30PM である。

22 National Library of Australia
（オーストラリア国立図書館）

住所は Parkes Pl W, Canberra ACT 2600 である。財務省が隣である。財務省の目の前にあるバス停（King Edward Terrace 通り）で降りて、駐車場を抜け階段を上がれば正面入口である。クロークに荷物を預ける。受付で LIBRARY　CARD を作成してもよいが、どこの閲覧室 Reading Room でも作成できる。私は The Pictures and Manuscripts Reading Room で LIBRARY CARD を作成した。住所はオーストラリア国内の住所を打ち込むことになっており、滞在しているホテルの住所を入力する。電話番号は自宅と携帯番号にして、メールアドレスを記載した。きわめて簡単。

開館時間は以下の通りであるが、ホームページで確認されたい。https://www.nla.gov.au/visit　月曜日から木曜日までが 9AM 〜 9PM、金曜日と土曜日が 9AM 〜 5PM、日曜日 1：30PM 〜 5PM

The Pictures and Manuscripts Reading Room は 2 階にあり、月曜日から金曜日までが 9AM 〜 5PM である。ここには外交官 Richard G. Casey の日記がある。他に日本の外交文書のマイクロフィルム（米軍に押収されたもの）がある。米国の議会図書館や日本の国立国会図書館にあるのと同じものである。R.G. Casey の日記は超一級資料で、日豪関係、豪米関係、豪英関係、英国とインド独立、戦時中の中東情勢などケーシーの優れた政治センスが垣間見られる。日米開戦を避けるべく、ワシントン DC で奔走

Ⅲ　オセアニア・アジア（豪　韓国　中国）

したケーシー日記を私は食い入るように読み込んだ。チャーチルが彼の政治センスを見抜き、オーストラリア外務省から引き抜き、英国の高官として中東に派遣したこと、インド独立に直面したケーシーとガンジーの対峙、戦後の日豪関係の構築、彼は偉大すぎる外交官であり、政治家である。彼を見抜くチャーチルもまた偉大な政治家である。The Casey Family の目録は完備されている。請求記号 MS6150 で戦時期は Box 24 にある（図表Ⅲ-2 参照）。新聞の切抜は Box 40 にある。目録は黒のバインダーに綴じられ閲覧室に備えられている。請求した資料は箱ごとに後方の配架棚に 5 日間留め置きできる。

図表Ⅲ-2　R. Casey 日記の入った箱

　Manuscript の開館時間は月曜日から金曜日まで 9 時から 5 時までである。5 時以降も引き続き資料を閲覧したいときには、4 時 50 分に資料を Main Reading Room の 1 つである The Petherick Reading Room に移動してもらえばよい。時間が活用でき、ありがたいサービスである。カートで箱に入ったまま資料を運び、カウンターの横まで運んでくれる。資料の入った箱を、閲覧室の机の上に置くというやり方である。読み終わったら、再びカートの上に戻せばよい。

　コピーの仕方であるが、入口を出て右側に（入る方向からすれば左）にある PRINT-COPY 機に入金するやり方である。カードをスラッシュしてから「Add Value to your Library Card」を押し、それからコインもしくは

147

札で入金する。領収書が出てくる。今度はそれをプリンターのスラッシュ
で読み取らせ、クリックしてプリントアウトするというやり方。2013 年 8
月現在、A4 の片面が 1 枚 15 セント、両面は 20 セントである。A3 サイズ
の大きさや大丈夫で、カラーコピーもできる。

食堂と Bookshop

　NLA の食堂 Bookplate Café は 8 時半から開いている。おすすめなのが、
バス停の近くの大蔵省 Treasury Building の Coffers Café で朝食とランチ
である。オーストラリアの高い物価の中で、ここは手ごろな値段で食事に
ありつける。旧国会議事堂の前のバラ園の中に PorkBarrel Café があり、
ここも雰囲気のいいお店である。Bookshop が入って左側にある。お土産
も売っている。

【韓国編】

23　ソウル大学校中央図書館古文献資料室

地下鉄ソウル大入口駅からソウル大学校中央図書館までの行き方

　先ず初めに地下鉄とバスで利用できる「T money」カードをコンビニで
購入する。これさえあれば、料金を気にせずに飛び乗れる。地下鉄 2 号線
は環状線である。ソウル大入口駅から、ソウル大学校中央図書館まではバ
スで行くのがいい。

　地下鉄 2 号線のソウル大入口駅で下車する。「ソウル大学校」と書いた標
識の方に歩き、3 番出口のエスカレーターを上がれば、バス乗り場が目に
入ってくる。ソウル大学校キャンパスを左回りする 5513（正門→法学部→
大学本部前→農学部→工学部→）のバスで冠岳区キャンパスの中央図書館
本館（Gwanak Campus Central Library Main Building 62）に向かえばい

Ⅲ　オセアニア・アジア（豪　韓国　中国）

い。メインゲートから2つ目のバス停「大学本部前」（Administrative Office Entrance）で下車する。「大学本部前」で降りて、少しだけ戻り横断歩道の道路を渡り、直進すると、左側がソウル大学校本部（60番ビル）で、右側が学生会館63番ビル（Student Center）である。その真ん中を突き抜け、階段を上がると、左側の目の前に中央図書館本館と新館の大きなビル（62番ビル）がそびえ立っている。階段を上りきり、手前の軽食 Café を正面にして左のスロープを上がれば図書館の入口（中央図書館入口 Gate 4）である。ここから入り入館手続きを行う。なお帰りのバスは右回りのバス5511（工学部→農学部→大学本部前→法学部→正門→）で地下鉄ソウル大入口駅に向かえばよい。ソウル大入口駅からの行きの5513バスが満員であれば、5511のバスに乗って、大学正門で下車して歩くという選択肢もある。ソウル大学校の構内はタクシーが拾える。日本に比べるとタクシー料金は安く手ごろであるが、バスを乗りこなしてから、タクシーも駆使するのがいいだろう。図書館の入口で身分証明書 ID としてパスポートを預け、S-Card（S カード）を受け取り、名前などを記帳して入館する。ランチなどで館外に出るときには、この S カードを提示して出るというシステムである。

古文献資料室の実習報告書

　中央図書館4階の古文献資料室（Rare Books & Archival Collections）へは閲覧カウンターを過ぎて右側の扉から階段を上がればよい。検索用の PC も並んでいる。古文献資料室の開館時間は平日の午前9時から午後6時までである。トイレは奥にある。監視カメラは設置されている。

　資料請求の仕方であるが、申請用紙（図表Ⅲ-3を参照せよ）はハングルと英語で書かれているが、一部ハングルしか記載されていない。以下の解説をお読みいただきたい。「Application for Reference Use」の最上段には、Name「三輪　宗弘」を書き、サインして、電話番号を書く。2段目に

は Affiliation つまり所属を書くのであるが、私の場合には「九州大学」と書き、次の箇所には「教授」と書くことになる。E-mail はメールアドレスを書けばいい。次の Purpose of study であるが、漢字で「論文作成」とか「戦時動員」（Wartime mobilization）とか「第二次世界大戦」（World War II）などと書けばいいだろう。ハングルで書けなければ、漢字か英語で書けばよい。次に具体的に請求する必要事項を記載しなければならないが、検索画面で請求番号（Call Number）とタイトル（Title）を調べて書かなくてはならない。請求番号（Call Number）とタイトルを書き込んで請求する。最下段には日付（年月日）、名前を書き、そしてサインすればよい。検索画面のあるパソコンは1台設置されているが、2階の階段を上がるところに3台検索用パソコンが置いてある。日本で事前に請求番号を調べていくのがよいだろう。請求番号の検索方法であるが、まずソウル大学校中央図書館の検索画面 http://library.snu.ac.kr/ にアクセスし、下記の英語のページに行く。このページに行くためには国立国会図書館の「韓国所在植民地期日本語文献の調べ方」のページのリンクから飛ぶのが簡明である。

https://rnavi.ndl.go.jp/research_guide/entry/theme-asia-109.php

http://library.snu.ac.kr/?language＝en

　このページ（英語版）の「Search All」もしくは「Book & Media」の検索欄に例えば「実習報告書」と漢字で入力すればヒットしてくる。例えば「大塚茂」「西国弘」「撫順炭鉱」とか入力して、ヒットしてくるか確認していただきたい。書誌情報には「Available at Main Library　Rare Book 5」と書かれている。初めて行く場合は、請求番号（Call Number）のプリントアウトを持参して訪問するのがよいだろう。古文献資料室の司書は漢字が読めるし、英語も通じる。Call Number がわかれば、請求は簡単にできる。池上重康、砂本文彦「資料紹介　京城高等工業学校鉱山学科・京城鉱山専門学校採鉱学科実習報告書目録」（『エネルギー史研究』、2010年3月、25号）にもリストが掲載されているので、あわせて参照願いたい。また実

Ⅲ　オセアニア・アジア（豪　韓国　中国）

習報告書についても詳しい説明がなされている。2冊が1つのセットになっているのもあった。また1人がそれぞれ異なる鉱山で実習報告書を作成しているケースもあった。1冊に2つの実習報告書が製本されているケースもあった。

5冊出納可能で、資料請求は5冊以上してもカウンターで用意してくれる。デジタルカメラで撮影も大丈夫である。許可申請は不要であるが、スタッフに一声かけ、撮影するのがいいだろう。フラッシュは不可である

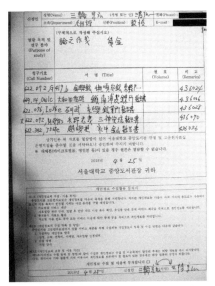

図表Ⅲ-3　ソウル大学校図書館での請求用紙

が、デジタルカメラ撮影用の蛍光灯がなく、影がどうしてもできる。撮影の時に光の入り具合を工夫する必要がある。影が案外強く出るので、この点は注意されたい。斜めから採光する工夫がいる。光源が強すぎるために、また高いために、影が強く出る。

同じフロアの4階には歴史の蔵書、海外の新聞が置かれている。植民地期のコーナーの蔵書を眺めると独立運動一色である。日本史コーナーの本も眺めるのも勉強になる。疲れたときなどに開架の書架を見学してまわるといいだろう。

ランチ（お昼ご飯）

　Cafeteria Jahayeon チャハヨン（Seoul National University Coop）が徒歩5分である。ここでランチを取るのが簡明でおいしい。Café に向かって

151

左に突き抜けると、小さな池（チャハヨン）があり、四つ角を左下に曲がる。100 メートルほど下り、右側に折れ、ビル 1 号館（文学部、言語学部）の吹き抜けを抜けると、正面が Cafeteria Jahayeon である。やや高級な上の階のレストランとセルフサービスの食堂がある。レストランでは各曜日の定食 Today's Special が 8000 ～ 10000 ウォンで提供されており、迷ったらこれを注文するのがよいだろう。テーブルまで注文に来てくれ、お茶も出してくれる。支払いは食後カウンターで支払う。下の食堂では定食 4000 ～ 5000 ウォンのランチが 2 種類あり、自販機で食券を購入する。2 つの中から選ぶようになっている。入金するとおつりが出てくる。プラスチックのおぼんを手に持ち、並んで受け取るやり方で、日本の大学の学生食堂と同じやり方である。キムチは別に置いてある。食後返却して、それからコップで水を飲んだり、口をゆすいだりする。これはキムチのにおいを消すためであろう。韓国らしいと感じる。ソウル大学校の生協の営業するレストランは、www.snuco.com に紹介されている。

　図書館の入口のところにも軽食スナック Café の店舗がある。バス乗り場から図書館に上がるところにある学生会館内にも食堂がある。

24　国立日帝強制動員博物館

　住所：釜山広域市南区ホンゴク路 320 番ギル 100（大淵洞山 204-1）
　開館時間：10：00 ～ 18：00（月曜日が休み、祝日の場合は翌日が休館日）
　釜山駅方面：釜山駅（1 号線）⇒西面駅（2 号線に乗り換え）→大淵駅（2 号線 5 番出口）

　大淵駅からタクシーで初乗り料金、市内バス利用時 138 番、51 番乗り換え（大淵洞釜山銀行バス停）後、UN 公園または石浦小学校バス停で下車（徒歩約 10 分）。釜山駅からタクシーがいいかもしれない。ソウルで購入できる「T money」カードは釜山でも使用できる。

Ⅲ　オセアニア・アジア（豪　韓国　中国）

　展示されている写真には、撮影者、場所、日時が書かれていない。最初に展示されている写真は日本人で大正 15 年の北海道の写真で朝鮮人労働者ではない（2019 年 3 月には、大正時代の日本人を朝鮮人「徴用工」であるとした写真は撤去されていた）。麻生徹男氏の写真は著作権者の承諾をご遺族に得ていない。浮島丸の機雷接触事故が故意に起こされたとする展示など、根拠を示し、信憑性の裏付けを示すべきだ。国立の博物館とは思えないプロパガンダの展示になっている。このような政治色の強い展示を見学するのも勉強になる。日本企業が次から次に登場するスクリーンがあり、その次の最後に日本人協力者の写真が掲げられている。ただただ「唖然」とするだけである。日本の活動家を高く評価するのは自由だが、韓国にとって益するものはない。写真の人物は「日本の良心」ではない。

釜山民主抗争記念館（デモクラシーセンター）

　下記のホームページを参照されたい。Democracy Park の一角の記念館。釜山駅からタクシーで行けばいい。釜山駅からであれば、43 番、508 番バスに乗り、終点で下車すればよい。

　http://www.mandibus.kr/wp2/

　韓国の左派の政治的な見解がよくわかる。李承晩大統領、朴正煕大統領への批判一色である。韓国の政治の左右対立がよくわかる。妥協をしない国民性がよく出ている。良し悪しは別にして、韓国理解が深まる。相手にレッテルを貼り付け、攻撃するという韓国の政治手法の特徴がよくわかる。韓国の左派や労働組合運動家の歴史認識や政治信条がよく表れている。2019 年 3 月 13 日に訪問したが（4 回目になる）、展示が大幅に変わっていた。写真の中に盧武鉉弁護士が遺影を持っている写真が掲載されている。ローソクデモの展示が大きく取り上げられている。李承晩、朴正煕への露骨な罵倒罵詈はなくなっていた。左派の運動を礼賛した展示であることには変わりはない。

153

1960 年	4 月革命
1979 年 10 月	釜馬民主抗争
1980 年	5.18 民主抗争
1987 年 6 月	民主化抗争

2002 年からのローソクソクデモ（2 人の学生が米軍の戦車によって轢殺されたことが発端でローソクデモが始まる）から最近の朴 槿恵大統領を退陣に追い込んだことが礼賛されている。街頭デモで政権が倒れることが民主化であれば、選挙と論戦、議会での多数決という民主主義に相いれない面もあるという視点は展示にはない。韓国の政治を理解するうえで、展示を眺めて回るのは参考になり、勉強になる（2019 年 3 月 9 日、3 月 10 日に、ソウル駅近くで、2 年間も拘留されている朴前大統領を釈放せよと主張するデモに出会った。こちらは右派のデモであった）。

25　National Archives of Korea, Busan
（国家記録院歴史記録館（釜山））

国立公文書館の閲覧で気を付けなければならないことは、韓国人と一緒でないと資料請求できないということである。理由が何であれ、このようなことは他国のアーカイブでは行われていない。

釜山広域市蓮堤区競技場路 28

毎週月曜日～金曜日、09：00 ～ 18：00

＋ 82-51-550-8000 / Fax：＋ 82-51-503-6966

釜山駅からであれば、タクシーで行くのがよい。釜山駅から 30 分で 10000 ウォンである。日本円で 1000 円。韓国のタクシー料金は日本の 3 分の 1 くらいである。入口でパスポートを渡し、引換券でゲートを入るというやり方。1 号線蓮山洞駅からタクシーというのもいいかもしれない。ホームページに掲載されていたアクセスは下記の通り。

III　オセアニア・アジア（豪　韓国　中国）

◎地下鉄 1 号線蓮山洞電鉄駅下車 5 番出口（ファミリーマート前）54 番
　バス→国家記録院歴史記録館
◎釜山駅バス（1004,167,81 番）→西面下車 54 番バス→国家記録院歴史
　記録館
　正面玄関を入って左側が閲覧室である。
　資料検索は電子化されたものと、目録冊子になったものがある。一部の
資料は本館でないと閲覧できないとのことであった。目録は 3 冊あり、そ
れに掲載されているものは、マイクロフィルムで見ることができる。コピ
ーは 1 枚 W100。チェックリストは閲覧可能であるし、デジタルカメラで撮
影することもできる。仮出獄関係、社会教育、寺、キリスト教が多い。
　朝鮮総督府の地方の資料がある。何を課題としていたのかわかる。その
地域が持っていた問題も把握できるであろうが、それよりも中央の意向が
どのように地方に伝えられ、何を行おうとしたのか、その時に直面した問
題がわかる。戦時中の動員関係も把握できる。
　ランチは正面玄関を出て、左側の建物の 1 階にある。定食のランチがあ
る。キムチ、スープ、ご飯、モヤシ、大根のキムチ。
　退出時に入館証と引き換えにパスポートを受け取ること。韓国ではこの
やり方がよく使われている。

【中国編】

26　The Second Historical Archives of China
　　（中国第二歴史档案館）

　1912 〜 1949 年の 200 万冊が所蔵されている。
　入館証の有効期間は 1 カ月間である。入館証作成の手続きに通常 1 カ月
は要するので、書類を揃えて早めに閲覧申請を行うべきであろう。平成 30

（2018）年11月の訪問前に南京にある大学の教授が手続きを進めてくださったので、スムーズに行った。履歴書や紹介状などを事前に送り、審査を受ける必要がある。

　中国第二档案館の入り口の門をくぐり（右側に守衛が立っている）、正面右側から入り、通路に従って進み（直進、右折、左折）、一旦外に出て10メートルほど直進して、左に折れ、階段を登る。登ったら、反対側に2階の閲覧室（閲巻庁）があり、フロントでパスポートなどを提示する。

　登記号「2018F0200」とパスワード「数字の4ケタ」の書かれた入館書が発行される。PCのある机に行く。4人掛けの机が8あるので、32座席ある。開館時間は、午前8：15～11：30で、午後12：30～16：30である。昼休みは閲覧室から出なければならない。210016　南京市　中山東路309号

　地下鉄では「明故宮」「西安門」の2駅（2号線）が利用可能である。この中間点にある。5番バス、34番バスは「中山門」「明故宮東」「明故宮西」「西安門」というルートで、「明故宮」と「西安門」の二駅の間を走っている。65番もこの2駅間を走行している。バス停は「明故宮西」で下車する。地下鉄の駅から徒歩圏。5番バス、64番バスは、「大行宮東」「新街口東」まで行けるので、地下鉄3号線、地下鉄1号線とアクセス可能。

　資料は閲覧後×をつけると、画面からデータが消え、再度閲覧できない。コピーは年間30枚まで許されている（無料）。コピー申請はパソコン上で行い、「複製箱⇒クリック⇒提交複製申請」という手順で申し込むが、申込後に審査が行われるため、時間がかかる。2018年11月の訪問時に2枚申請したが、2枚ともOKであった。すぐに許可が下りなかったので、知人にデータをお願いし、PDFで送ってもらった。PDFの画像は荒く、1枚は表裏が反対であった。1枚は一部の文字が読めなかった。もう1枚はほとんど読めなかった。デジタルカメラでの撮影は許可されていない。

Ⅲ　オセアニア・アジア（豪　韓国　中国）

2018 年 11 月訪問時、汪兆銘政権の資料（華北労務委員会）を 13 点請求
したが、4 点だけ許可が下りた。審査基準はまだ確認していない。パソコ
ンの画面上で資料を閲覧した。パソコンの画面で、「右転」、「拡大」、「縮
小」、「複製」などの操作することができる。閲覧室には監視カメラ 11 台が
備えられており、マイクロフィルムのある部屋は 2 台あり、13 台の監視カ
メラが回っている。

閲覧したい資料群（全宗）を申請し（今回は、華北労務委員会の入った
全宗）、資料群（全宗）に許可が出てから、さらに画面上で閲覧したい資料
を選択して請求する。許可が出れば、資料を画面上で閲覧できる。それぞ
れ 1 時間ほどかかる。2 段の審査がある。最初の審査を入れれば、3 段階の
審査ということになる。複写も許可が必要。複写は年間 30 枚以内である。

27　南京大屠殺档案館

1985 年 8 月 15 日に開館。月曜日が休館日、8：30 〜 16：30

毎年 12 月 13 日に式典が行われる。式典前にその準備のために閉館され
ることがある。2017 年に新装オープンした。正式名称は「侵華日軍南京大
虐殺遇難同胞記念館」である。入口にデカデカと「300000」という数字が
掲げられている。中国によれば、アウシュビッツ、原爆投下と並んでの 3
大悲劇とのことである。東京大空襲で 10 万人なのに 30 万人とは想像力の
問題であろう。

私が眺めた、後半の展示には、東京裁判時の資料が並んでいる。また米
国国立公文書館Ⅱの南京空襲の写真はなかった。最寄りの地下鉄 2 号線
「雲錦路駅」から歩くのがいいだろう。

日本のマボロシ派への批判（著書の表紙が並んでいる）や日本の戦時中
のプロパガンダ写真への反撃を試みている。「不許可」という写真が展示さ
れ、日本軍が不都合な写真は検閲していた証拠とされている。

157

ぜひ時間をかけて、南京大虐殺記念館の写真をじっくり見て回られたい。外の周りにも、石碑があり、中国語、英語、日本語で解説が施されている。私は 2018 年 11 月に訪問したが、式典前のため閉館中であったが、特別に入館が許された。時間がなく、後半部分と外回りしか見て回れなかった。

http://www.nj1937.org/

南京禄口国際空港

福岡空港からだと乗り継いで深夜 0：05 に着陸する便がある。深夜便で到着した場合はタクシーでホテルまで行くのがいいだろう。タクシーの料金は安い。乗り継ぎで時間がかかり、しかも料金が割高であれば、航空料金（交通費）をおさえるために、上海浦東国際空港と高速鉄道を乗り継ぎ、南京に行くことも選択肢に入れるべきだろう。

南京禄口国際空港からは、地下鉄 S1 号禄口機場駅から南京南駅まで向かい、そこで 1 号線、2 号線に乗り換え、南京市内に入る。空港のエアポートバスで市内の南京南駅、南京駅に向かうという選択肢もある。

上海浦東国際空港

入国審査　パスポートを機械で読み取り、左手、右手 4 本を揃えて指紋を読み取り、次は両手の親指の指紋を読み取る。「OK」と書かれた印字を受け取り、入国審査を受ける。「外国人」と表示されている審査場に行き、並び、入国審査。顔写真を撮影し、左手 4 本で照合。それから手荷物を受け取る。入国審査のところにある「外国人入境卡」（Arrival Card）を漢字で記載した。機内では配布しなかった。

上海浦東国際空港は入国審査がきちんと行われていた。時間帯によっては出るときにも手荷物検査を行う。これは初めての経験である。ターミナル 1 とターミナル 2 がある。ターミナル 1 には中国国際航空、ANA、United、Air Canada、Thai が発着している。Airport Hotel もあるが、高

Ⅲ　オセアニア・アジア（豪　韓国　中国）

そうだ。味千ラーメン、スターバックスコーヒーなどがある。長距離バス
（Long Distance Bus、Coach、エアーポートバス）乗り場へ行き、3時間
かけて110元で杭州市まで行ける。1時間に1本の割合で運行されている。
　上海浦東国際空港から時間はかかるが、上海駅、上海虹橋駅に移動して、
高速鉄道で杭州、紹興、南京などに行くのがいいかもしれない。高速鉄道
は安い。Trip.com で購入できる。

あとがき

　本書は九州大学図書館のホームページに紹介していたガイドを1冊のブックレットスタイルにコンパクトにまとめたものである。

　はじめてワシントンDCの米国国立公文書館Ⅱで昭和15（1940）年16年の日米石油貿易に関する、押収された商社資料の調査した時、重要な資料が抜き取られていることに気づかず、箱を次から次へと開けて、なぜ石油貿易に関する統計データがないのか探し回った。1週間の予定であったが、1日1日経つにつれ焦りだし、ほぼ空振りになりかかったときに、ソコニー（スタンダード石油ニューヨーク）と三井物産の提携関係の資料に遭遇し、それで論文を書き上げることができた。運がよかった。この遭遇がなければ、私のアーカイブ巡りは1回だけの頓挫で終わっただろう。後に押収された商社資料から私が捜していたような重要な情報（石油とか機械装置の購入）が抜き取られ、分析され、日本の空爆都市（企業・工場）の選定のために報告書（機械、販売企業、購入企業（工場も）、仲介した商社）が策定されたことがわかった。『米国司法省戦時経済局対日調査資料集』（クロスカルチャー出版、2008年）として、刊行できたことで、江戸の仇を長崎で取ることができた。驚くことにこの報告書の多くは、米国戦略爆撃調査団のマイクロフィルム（RG273）に収められていた。米海軍が日本海軍の燃料消費（重油、ガソリン）の推定に使った調査レポートと資料の残骸はまだ見つかっていない。

　対日石油禁輸と資産凍結がどのように策定されたのか、ハル・ノートと暫定協定案、対米開戦通告に関する傍受電報、慰安婦（売春婦）関係資料、航空機燃料の技術開発、OSSやG-2の対日諜報活動など、私の研究にとって、米国国立公文書館Ⅱでの資料散策は、間欠泉のようにいい資料に遭遇して、論文の構想が裏付けられ、また新たな構想に結び付いた。ハル・ノ

160

あとがき

ートと暫定協定案は米国国立公文書館と英国国立公文書館の資料が見事に
ドッキングし、拙書『太平洋戦争と石油　戦略物資の軍事と経済』(日本経
済評論社、2004 年) の第 4 章「ハル・ノートと暫定協定案」を書き上げる
ことができた。開戦通告の訂正電報は狙っていって米国国立公文書館Ⅱで
発見したのが、傍受電報の時刻一覧であった。あるに違いないと狙ってい
って遭遇した時の嬉しさはなんとも言えないものがある。

　英国国立公文書館 TNA は、検索が素晴らしいので、TNA であることが
わかると、米国国立公文書館Ⅱにも所蔵されているはずだと山勘がはたら
き、膨大な資料の宝の中から一級の資料を探し出すというノウハウも自ず
と身に着けた。

　本書を書き上げるために平成 30 年 (2018) 夏休みに久しぶりに F.D. ロ
ーズベルト大統領図書館を訪問したが、ほとんどの資料が電子化されネッ
トで公開され、また現物も閲覧できることをまざまざと体験した。はじめ
てローズベルト大統領図書館を訪問した折、大雪に見舞われ、深夜プーケ
プシー駅に到着し、ホテルに着いたはいいが、ホテルは閉じられていた。
近くにホテルが開いていて助かった。この経験から、海外で何があっても
動じなくなった。

　ロンドンのマクドナルドでハンバーガーを買っている隙に、旅行バック
を盗まれた。ノートパソコンはたまたま小さなカバンに入っていたから助
かったが、ノートパソコンがとられていたら悲惨な結果が待っていただろ
う。ロンドンではスリやコソ泥に注意し、荷物から目を離してはいけない
ことがよくわかった。

　テキサス大学オースティン校の Briscoe (ブリスコ) センターで Exxon
Mobil の資料を眺めた時、スタンダード石油の社史に使われた資料が残っ
ており、写真のコレクションも充実していた。

　韓国釜山にある国立日帝強制動員博物館の展示を見て回ったが、よくも
こんな展示ができるものだと呆然とするしかない。日本人の協力者の写真

が最後に陳列されており、私とは異なる見方の人達が韓国では日本の良心として高く評価されていることを知ることができた。写真の著作権も得ずに展示されていた。また、国家記録院では韓国人と一緒に行かなければ、資料の請求はできない。こんなことがあるのだと思い知らされた。釜山民主抗争記念館（デモクラシーセンター）は、李承晩大統領、朴正煕大統領への罵倒の展示内容で（展示は変更され、政治抗争が中心になった）、韓国の左派の考え方がよく理解できる。ローソクデモを美化している。

　中国第二歴史档案館で驚いたのは、汪兆銘政権（中国では汪偽政権）の資料が膨大に残されていたことである。直感で歴史解釈は、今後二転三転すると思った。私が開示請求した華北労務委員会の資料は 13 点で 4 点閲覧が PDF で許可された。年間のコピーが 30 枚と制限され、許可をいちいち取らなければならない。年間 30 枚だけ複写（電子データ）が許されるが、電子データで受け取ったものは画像が荒く、しかも 2 枚のうち 1 枚は裏表が反転していて読み取れなかった。

　このブックレットスタイルの著書が多くの研究者や学生の海外アーカイブでの調査に役立ち、資料に基づく研究に役立てば幸いである。資料がなければ、イデオロギーだけの歴史解釈に陥ってしまう。資料によって、相手が何を考えていたのか理解でき、様々な解釈ができることがわかるであろう。相手の立場を知ることができる。ハル国務長官が暫定協定案で日米開戦を避けようと努力していたことがわかったが、いまだにハル国務長官には「ハル・ノート」のイメージが付いて回っている。「ハル・ノート」関係の資料を米国のアーカイブで捜し回ったが、発見できなかった。在華府のオーストラリア公使の R・ケーシーが日米開戦を避けるために、最後まで諦めずに走り回ったことがわかった。日本の総理大臣がオーストラリア訪問時には、ケーシーの墓に献花をお願いしたい。海外資料館をめぐることで、一国史観に陥らずに広い視野から多面的に理解できることを願いたい。一定期間非公開（秘密指定）という原則があって、資料は残り、公開

あとがき

されるということの大切さが広く認知されるべきである。悪用されるケースも生じるだろうが、資料が残り、多様な考え方があったことがわかるだろう。

海外アーカイブでたまたま知り合いになった多くの方々に感謝したい。アーキビスト、図書館司書の皆さんにもお世話になった。エリック氏には多くの日本人を紹介したが、いつもニコニコ笑顔で対応していただいた。記して感謝したい。

海外での調査に際して、「科研費」の支給を受けた。九州大学の個人研究費もあわせて活用した。多くの研究機関の援助も受けた。

また、クロスカルチャー出版の川角功成社長には『米国司法省戦時経済局対日調査集第1巻〜第5巻)』に続いて、本書でもお世話になった。当初の予定より大幅に遅れたにもかかわらず、我慢強くお待ちいただいた。感謝いたします。

＊本書はJSPS科研費の課題番号「16KO3779」、「18046008」などによる成果の一部である。

【参考文献】

資料館訪問の成果が出ているものとして、次の2点を挙げておきたい。アクセスして参照されたい。

1. 西日本新聞2016年12月26日の記事

   https://www.nishinippon.co.jp/feature/attention/article/304280

2.「情報の科学と技術」62巻10号、P.415〜421（2012）

   https://www.jstage.jst.go.jp/article/jkg/62/10/62_KJ00008230595/_pdf/-char/ja

163

三輪　宗弘（みわ　むねひろ）

1959年、三重県に生まれる。
東京工業大学理工学研究科社会工学専攻博士課程単位取得退学。九州共立大学経済学部講師、助教授を経て、平成16年12月、九州大学石炭資料研究センター教授。
平成17年4月、九州大学附属図書館付設記録資料館産業経済資料部門教授（現在に至る）。
平成23年4月、九州大学大学院統合新領域学府ライブラリーサイエンス専攻兼担（現在に至る）。

主な業績
『太平洋戦争と石油―戦略物資の軍事と経済』（日本経済評論社、2004年）、『米国司法省戦時経済局対日調査資料集（第1巻～第5巻）』（クロスカルチャー出版、2008年）、『汪兆銘政権人名録』（クロスカルチャー出版、2019年）など。大学院在籍中から海外資料館巡りを継続し、資料を重視する研究スタイルを貫いている。

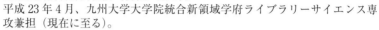

目からウロコの海外資料館めぐり　　　CPCリブレ No. 10

2019年6月30日　第1刷発行

著　者　　三輪宗弘
発行者　　川角功成
発行所　　有限会社　クロスカルチャー出版
　　　　　〒101-0064　東京都千代田区神田猿楽町2-7-6
　　　　　電話 03-5577-6707　　FAX 03-5577-6708
　　　　　http://crosscul.com
印刷・製本　（株）シナノパブリッシングプレス

© Munehiro Miwa
ISBN 978-4-908823-58-9 C0026 Printed in Japan

好評既刊

エコーする〈知〉 CPCリブレ シリーズ

No.1～No.4　A5判・各巻本体1,200円

No.1 福島原発を考える最適の書!!
今 原発を考える —フクシマからの発言
●安田純治(弁護士・元福島原発訴訟弁護団長)
●澤　正宏(福島大学名誉教授)
ISBN978-4-905388-74-6

3.11直後の福島原発の事故の状況を、約40年前すでに警告していた。原発問題を考えるための必備の書。書き下ろし「原発事故後の福島の現在」を新たに収録した〈改訂新装版〉。

No.2 今問題の教育委員会がよくわかる、新聞・雑誌等で話題の書。学生にも最適!
危機に立つ教育委員会　教育の本質と公安委員会との比較から教育委員会を考える
●高橋寛人(横浜市立大学教授)
ISBN978-4-905388-71-5

教育行政学の専門家が、教育の本質と関わり、公安委員会との比較を通じてやさしく解説。この1冊を読めば、教育委員会の仕組み・歴史、そして意義と役割がよくわかる。年表、参考文献付。

No.3 西脇研究の第一人者が明解に迫る!!
21世紀の西脇順三郎　今語り継ぐ詩的冒険
●澤　正宏(福島大学名誉教授)
ISBN978-4-905388-81-4

ノーベル文学賞の候補に何度も挙がれた詩人西脇順三郎。西脇研究の第一人者が明解にせまる、講演と論考。

No.4 国立大学の大再編の中、警鐘を鳴らす1冊!
危機に立つ国立大学
●光本　滋(北海道大学准教授)
ISBN978-4-905388-99-9

国立大学の組織運営と財政の問題を歴史的に検証し、国立大学の現状分析と危機打開の方向を探る。法人化以後の国立大学の変質がよくわかる、いま必読の書。

No.5 いま小田急沿線史がおもしろい!!
小田急沿線の近現代史
●永江雅和(専修大学教授)
●A5判・本体1,800円+税　ISBN978-4-905388-83-8

鉄道からみた明治、大正、昭和地域開発史。鉄道開発の醍醐味が〈人〉と〈土地〉を通じて味わえる、今注目の1冊。

No.6 アメージングな京王線の旅!
京王沿線の近現代史
●永江雅和(専修大学教授)
●A5判・本体1,800円+税　ISBN978-4-908823-15-2

鉄道敷設は地域に何をもたらしたのか、京王線の魅力を写真・図・絵葉書入りで分りやすく解説。年表・参考文献付。

No.7 西脇詩を読まずして現代詩は語れない!
詩人 西脇順三郎　その生涯と作品
●加藤孝男(東海学園大学教授)・
太田昌孝(名古屋短期大学教授)
●A5判・本体1,800円+税　ISBN978-4-908823-16-9

留学先イギリスと郷里小千谷を訪ねた記事それに切れ味鋭い評論を収録。

No.8 "京王線"に続く鉄道路線史第3弾!
江ノ電沿線の近現代史
●大矢悠三子
●A5判・本体1,800円+税　ISBN978-4-908823-43-5

古都鎌倉から江の島、藤沢まで風光明媚な観光地10キロを走る江ノ電。「湘南」に詳しい著者が沿線の多彩な顔を描き出す。

No.9 120年の京急を繙く
京急沿線の近現代史
●小堀　聡(名古屋大学准教授)
●A5判・本体1,800円+税　ISBN978-4-908823-45-9

沿線地域は京浜工業地帯の発展でどう変わったか。そして戦前、戦時、戦後に、帝国陸海軍、占領軍、在日米軍、自衛隊の存在も——。

現代日中関係史研究者必携のレファレンス本
汪兆銘政権人名録
—OSS(米諜報機関)1944年作成
●編集・解題:三輪宗弘(九州大学教授)
●解題(英文):Tai Wei LIM (Senior Lecturer Singapore University of Social Sciences and National University of Singapore Research Fellow Adjunct)
●B5判・上製　約310頁　●本体20,000円+税　ISBN978-4-908823-52-7

OSS(米諜報機関)が日本のラジオ放送を傍受し、その記録と公刊物から汪兆銘政権に関係する人物を網羅しようとした資料。英文人名録。